教师专业发展丛书

教师课堂教学技能的培养和提高

陈明　张兴成　本书编写组◎编

Jiaoshi Zhuanye
Fazhan Congshu

教师的专业发展，不在于理论是否高深与新颖，重要的是理论与实践的联系，让教师们从自己的日常工作中获得真实有效的经验与反思。本丛书更多地立足于教师的三尺讲台来研讨教师的专业发展，从真实可感的教学实践中探索教育的真知。

世界图书出版公司
广州·北京·上海·西安

图书在版编目（CIP）数据

教师课堂教学技能的培养和提高／《教师课堂教学
技能的培养和提高》编写组编 . —广州：广东世界图书
出版公司，2011.3（2024.2 重印）
ISBN 978 - 7 - 5100 - 3353 - 7

Ⅰ. ①教… Ⅱ. ①教… Ⅲ. ①中小学 – 课堂教学 – 教
学研究 Ⅳ. ①G632.421

中国版本图书馆 CIP 数据核字（2011）第 036087 号

书　　名	教师课堂教学技能的培养和提高	
	JIAOSHI KETANG JIAOXUE JINENG DE PEIYANG HE TIGAO	
编　　者	《教师课堂教学技能的培养和提高》编写组	
责任编辑	冯彦庄	
装帧设计	三棵树设计工作组	
出版发行	世界图书出版有限公司　世界图书出版广东有限公司	
地　　址	广州市海珠区新港西路大江冲 25 号	
邮　　编	510300	
电　　话	020–84452179	
网　　址	http://www.gdst.com.cn	
邮　　箱	wpc_gdst@163.com	
经　　销	新华书店	
印　　刷	唐山富达印务有限公司	
开　　本	787mm×1092mm　1/16	
印　　张	12.75	
字　　数	160 千字	
版　　次	2011 年 3 月第 1 版　2024 年 2 月第 4 次印刷	
国际书号	ISBN　978-7-5100-3353-7	
定　　价	59.80 元	

序 言

　　教师是一个神圣的职业，也是一个更加需要专业性的职业。这里的专业性主要体现在一个教师的教学技巧上，包括课堂的管理、对学生的培养方法、教育理念如何随着时代、环境、学生情况的变化而更替、教师自身专业知识的巩固、更新等等。

　　一个教师所拥有的良好的教育方法，不但可以帮助教师提高工作效率、改善教育成果，也能为师生之间建立起一座情感的桥梁。教学方法的掌握更能引发学生的学习兴趣、集中学生的注意力、激发学生的求知欲、更能让教师的工作环境、学生们的主要学习环境——课堂充满生动、活泼、自然之气氛。

　　为了适应新课程改革的发展和广大教师职业发展的迫切需要，我们推出了这套"教师专业发展"丛书。依照教师们在教学中遇到的、可能遇到的问题都做了面面俱到的分析和解答，为教师们提供了多种教学方法，以便参考。

　　培养出品学兼优的学生，一直都是所有的教师的最梦寐以求的。如何让一个好学生好上加好，让一个"坏"学生逐渐向好学生过渡、转化，都是需要教师付出大量心血和娴熟技巧的。《好学生是教出来的》《没有不好的学生，只有不好的教育》就是针对好学生的养成而策划的。它们从不同的角度进行阐述，目的就是让教师能够抓住教育的切入点，从而对症下药、因材施教。

　　《教育创新与课堂优化设计》与《教师课堂教学技能的培养和提高》两本书中提供了一系列的方法和技巧，来帮助我们教师如何把死板的教学变得更加鲜活，怎样把最经典的教育理念和方法融入有趣的情境中，让教师更充分地领会先进、有效的教育方法。而公开课是每一位教师都要经历的。它不仅是对教师教学水平的检验，更是教师交流和探索教学经验的平台。不管是步入教师行业的第一堂公开课，还是在教师职业上的任何一堂，都是全方位检验一个教师教学质量的试金石。所以便有了《如何上好一堂公开课》这本书。

《如何成为骨干教师》这本书明确地道出了成为一位骨干教师所要具备的基本要求，并提供了各种可以达到此标准的路径。

在此套丛书中，我们更注重的是培养广大教师的教育思想、创新精神，鼓励教师们在实践中创造性地发展，总结先进的教学模式和教学方法。毫无疑问，这些新思想、新模式、新方法势必能够使教师们极大地提高教学质量。

丛书采用了浅显的语言去解释深刻的道理，把死板的说教知识人性化、鲜活化，并运用了大量的案例来分析、点评、讲解，把先进的教育理念同有趣的情景再现融会贯通，深入浅出，娓娓道来，让教师们能够最大程度上的领会、吸收先进的教育经验。

前　　言

　　随着新课改的深入实施，教师的教学技能、教材内容、教学理念以及指导思想、教学方法都有了改变，更加注重对学生进行动手能力的培养。那么，教师应该利用这个契机，努力培养自己的教学技能，选择适合学生的教材内容，科学合理地运用教学方法，提高自身教学水平。

　　课堂教学的最重要任务是促进学生的发展，课堂教学能满足学生自我价值的实现需要，是学生发展的不竭动力。课堂教学是有一定规范的，但规范只是一种外在形式，其核心主题是教师对学生的爱和教师的责任。凡是有利于教师理解学生、有利于师生情感交流的课堂教学行为，凡是有利于接受基础知识的教学行为，凡是能成为学生终生发展动力的鼓励与安慰、鞭策与激励的语言，凡是使学生感到温暖、并愿意走近课堂和体验课堂的教学氛围，都是合规范的。

　　教师专业化发展需要循序渐进，教师个人在对基本教学技能的精致构建和课堂教学规范的精细推敲中，从逻辑理性寻求教育理论与教学实践的结合点中，创造出个性化的机智行动方式。只有面对教师成长过程和符合教育现实，在发展教师教学技能的前提下，指示教学专业的行动方向和改革思路，才能体现出培养专家教师的真正价值。

　　本书以课堂教学技能为中心，从导入技能、提问技能、教学设计技能、教师语言技能等各个方面对如何培养和提高教师课堂技能提出意见和方法。由于编者水平有限，有不足之处，望读者批评指正。

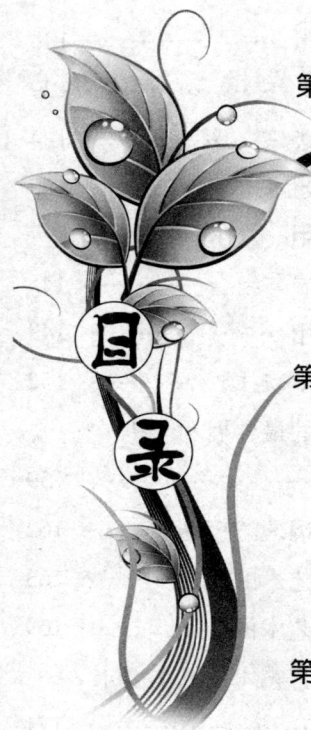

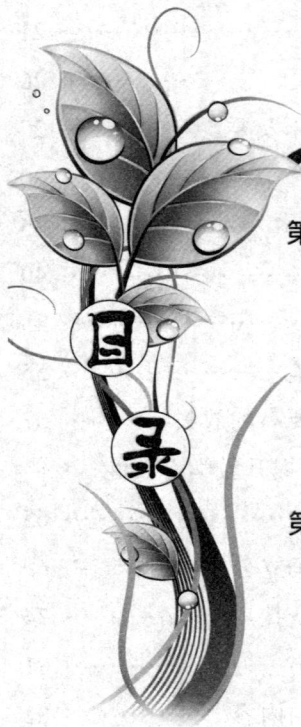

第一章　教师课堂导入的技能

　　课堂导入是整个教学过程中的一个有机组成部分，也是一个十分重要的教学环节。它对一堂课的成功与否往往有着重大的影响。清人李渔在《闲情偶寄》中说："开卷之初，当以奇句夺目，使人一见而惊，不敢弃去，此一法也。"这句话同样适用于作为教学第一环节的课堂导入。一堂课有个好的开头，可以像磁石般吸引住学生的眼球和心灵。在语文课堂导入中，教师可以采用故事、音乐、谜语等形式导入以激发学生学习的兴趣，抓住学生的心。

　　有技巧的课堂导入既可以开发学生的智力，又能把学生的情绪调整到最佳的学习状态，收到了很好的教学效果。

　　总之，一个好的课堂导入设计，能激发学生的学习兴趣和强烈的求知欲，使课堂先声夺人，为教学的成功奠定良好的基础。

第一节　知识导入

导入知识、培养能力是课堂导入教学设计的一个重要课题，是由教师引导学生学习，培养学生能力的以学生为主、教师为辅的课堂导入教学方法。

导入知识，教师可以以旧带新，温故知新，寻章摘句，直奔主题，介绍作者和时代背景，交流学习心得，从而拓宽学生的知识视野，吸引学生攀登新的知识高峰，提高学生的自学能力。所以，作为教师，从教学的一开始就要注意运用恰当的方法。

我们来看导入知识、培养能力的五种导入方法：

一、复习导入法

复习导入法是指教师在每堂课的起始阶段，采用复习已学过的知识和内容作为导入新课的方法，来开启新知识的大门。这种方法，主要是教师在教授新课时利用新旧知识间的逻辑联系，即旧知识是新知识的基础，新知识是旧知识的发展与延伸，从而找出新旧知识联结的交点，由旧知识的复习迁移到新知识的学习上来。

俄国生理学家巴甫洛夫曾指出："任何一个新的问题的解决都是利用主体经验中已有的旧工具实现的。"因此，复习导入法的运用就成为教师课堂教学中常常用到导课方式。

例如，王老师在讲《松鼠的尾巴》一课之前，设计了这样的导语：

老师："同学们，上学期我们学习了《小壁虎借尾巴》，今天我们再来认一认，这些又是谁的尾巴?"说完，王老师出示了一组动物尾巴的图片。

学生："壁虎、牛、鱼、燕子……"

板书：尾巴

老师："这些动物的尾巴给你留下了什么印象呢?"（这些尾巴的作用很大，简单说说这些尾巴的作用）

老师："今天，我们又要来认识一种十分可爱的小动物。"（出示松鼠图）

老师："你们觉得小松鼠的尾巴怎么样?"

学生畅所欲言。

老师："课文中有一句话写道：'小松鼠有一条毛茸茸的大尾巴。'"（出示句子）

老师："'毛茸茸'和'大'使我们体会到松鼠的尾巴是那样蓬松柔软，摸上去很舒服。"

板书：松鼠的（补全课题）

老师："松鼠的尾巴有什么作用呢?学习了课文就明白了。"

在本课的导入设计中，王老师从《小壁虎借尾巴》一文中引出"尾巴"一词，通过"认尾巴"、"谈作用"说说不同的尾巴有不同的用处，吸引了学生的注意力，从而自然地导入新课《松鼠的尾巴》，并直奔文章中心"松鼠的尾巴有什么作用"。这样一来，学生原本想知道的内容通过王老师巧妙的导入而揭示出来，因此学生的学习积极性被大大激发。同时，引入文中的一句话："小松鼠有一条毛茸茸的大尾巴。"通过让学生理解松鼠的尾巴具有"毛茸茸"和"大"的特点，为学习下文作好铺垫。

以复习旧知识作为桥梁，符合学生的认知规律，使"要我学"转变为"我要学"，激发了学生的求知欲望，调动了学生的积极性。导入部分紧扣课文，通过理解"毛茸茸"和"大"来理解小松鼠尾巴的特点，巩固了学

生对字、词的理解，同时使学生的学习能力也得到了锻炼。

当然，运用复习导入法时，我们要注意以下三个方面的问题：

第一，复习导课中的"温故"只不过是一种手段，真正的目的在于导入新课。

第二，所复习导入的知识与新课内容要有密切联系，避免发生导入内容与新课知识之间脱节。

第三，导入新课前，教师要摸清学生原有的知识水平和认识水平，导入才会收到事半功倍的效果。

二、谈话导入法

谈话导入是指用说话的形式交流感情、发表意见、讨论问题的一种导入方式。它是教师和学生之间最简单的交流方式，也是新课导入中应用最多、效果最显著的方式之一。谈话导入能激发学生交流的兴趣，活跃课堂气氛。特别是在课堂中教师和蔼的神情，循循善诱的启发引导、轻松的谈话方式，营造了温馨的"自己人效应"，调动了学生积极的情感因素，不仅拉近老师学生之间的距离，而且使老师学生双方的感情得到很好的沟通。它让学生在轻松、愉悦中学习知识，明显减轻了学生学习新知识的压力和接受新知识的恐惧感。

例如，宋老师在讲《香雪海》这课之前，设计了这样的导语：

老师："同学们，你们喜欢旅游吗？谁去过无锡？能向大家做个简单的介绍？"（学生们积极思考，踊跃发言）

学生："我去过无锡，那里的肉馒头、肉包子、水蜜桃很好吃。"

学生："我去过无锡的太湖，在太湖边，你可以游玩、捉蟹，还可以钓鱼。"……（老师看学生的兴趣已被提起，接着学生的话题，转入课题）

老师："对啊！无锡不仅有太湖，还有美丽的梅园。每当冬天，当你漫步在梅园，你一定会被满园的香雪海所迷住。同学

们，今天，老师带你们去无锡，看一看美丽的香雪海，好吗？"

学生："好。"

学生兴奋劲儿一下子全被激起，听着动听的音乐，唱着歌，他们一路欢声笑语。当音乐结束，宋老师马上挂出梅园图，学生身临其境，仿佛真的来到梅园。宋老师接着出示课题。

谈话导入的优势在于利用语言、音乐等各种手段，制造一种符合教学需要的环境，以激发学生学习的兴趣和思维，使学生处于乐学的学习状态，这是谈话导入的优势。上例中，当宋老师运用音乐、图画以及感情充沛的语言，营造一种与课文情感协调一致的氛围时，学生马上进入课文所规定的情境。这样，就为学生准确地理解课文内容做了感情上的准备，而且消除了老师学生之间的隔阂。整个导语先声夺人，具有一定的吸引力。

当然，运用谈话导入法时，我们要注意以下两个问题：

第一，教师要掌握对教材的理解，并从学生的实际出发，巧妙设计谈话内容。

第二，教师的语言应富有感染力，态度和蔼可亲，要循循善诱、巧妙点拨。让学生在轻松、愉悦中学到知识。

三、直接导入法

直接导入法就是不用借助其他材料，教师只需要概述新课的主要内容及教学程序，明确学习目标和要求，引起学生思想上的重视并准备参与教学活动，做到"课伊始，意亦明"的一种导入方式。

例如，王老师在讲《英国工业革命》一课之前，是这样设计导语的：

"今天我们学习的新课是《英国工业革命》。"（板书课题）

"学好这一课，可以帮助我们理解生产力与生产关系、经济基础与上层建筑之间的辩证关系原理，对邓小平同志提出的'科学技术是第一学生产力'论点以及对我国社会主义现代化建设的重要性等问题加深理解。所以学好这节课具有不寻常的现实意义。"

《英国工业革命》的导入直截了当，目的明确，使学生上课之初就明白自己本节课的学习任务，有助于调动学生的阅读积极性。

当然，运用直接导入法时，我们要注意以下两个问题：

第一，教师要掌握对教材的理解，导入时要紧扣教学重点，教师的语言要精练、简洁。在导入时间上不易过长，否则起到反面效果，激发不起孩子的求知欲。

第二，为了使学生在短时间内集中注意力，明确本节课的教学要求，教师可以借助多种教学手段，如实物、图片、文字等来帮助讲解，吸引学生的多方感官，提高导入效果。

四、归纳导入法

归纳导入法是指教师通过归纳总结前一节的教学内容，或者是习题作业、实验作业、考卷分析中将学生存在的问题进行归纳，并进行分析原因从而导入新课。如在引入新知识前，教师给学生提供一个新知识背景中的一些个别对象，让学生去观察、比较、分析、综合，诱使学生萌发猜想，引出规律。

例如，张老师在讲《我的小汽车》一节绘画课之前，是这样设计导语的：

美术课一开始张老师就给学生欣赏了一段欢快的音乐。

老师："刚才的音乐里大家听到了什么呢?"

学生："汽车喇叭声。"

学生："还有司机说话声。"

老师："嗯，你们喜欢汽车吗?"（教师笑着说）

学生："喜欢!"（学生大声回答，尤其是男同学）

老师："你们知道有哪几类不同的汽车呢?"

（话音刚落，学生们的手就纷纷举了起来）

学生："轿车、卡车、面包车、公共汽车、双层车、水车

教师课堂教学技巧的培养和提高

……"

老师："同学们知道的真不少啊。"（张老师挂出很多的汽车图片给大家欣赏，教室里顿时热闹了起来）

老师："虽然有各种不同类型的汽车，作用也各不相同，但大家仔细观察一下有什么共同之处？请大家讨论一下。"

学生："有车身、车轮、车窗。"（张老师根据学生回答在黑板上画了起来，她先画车身、再画车轮、最后画了车窗）

老师："看，原来汽车都是由这三个部分组成的啊。"

老师："今天我们就来画小汽车。"

张老师通过让学生观察不同类型汽车的造型，以便打开学生的思路，通过讨论之后学生就很容易找到汽车的相同之处，这样一来，老师把看似复杂的汽车归纳为三部分，不仅有助于学生思考，更是解决教学的重点。

由此看来，通过归纳导入不仅能够培养学生独立观察、发现总结规律的能力，而且也提高了学生学习的兴趣、学习的效率。

五、摘录导入法

摘录导入法是指教师在讲课前让学生摘录课文中的重点词、句或请学生在课外搜集与新授课有关的内容并加以适当地摘录，然后过渡到全文讲授的方法。

例如，徐老师在讲《旧上海的租界》这一课之前，是这样设计导语的：

老师："同学们，1840 年，由于清政府的无能，鸦片战争惨遭失败。1842 年 8 月 29 日，清政府被迫与英国签定了丧权辱国的中英《南京条约》。上节课，老师请大家回家将中英《南京条约》的有关内容摘录下来，大家准备好了吗？"（学生交流）

老师："同学们，听了大家刚才交流的内容，相信你们此时的心情一定和老师一样沉重。中英《南京条约》中有一条为开放

上海、厦门、福州、宁波和广州为通商口岸，这与今天的改革开放有着本质的区别。当时的外国人可以从这五处口岸将货物直接输入中国，同时掠夺中国的各种物资。上海是其中的一个口岸，殖民者的魔爪也伸向了上海，上海成了外国资本主义侵略中国的主要据点。鸦片战争以后，中国开始沦为半殖民地半封建的国家，那么上海发生了什么变化呢？现在我们一起来学习第7课《旧上海的租界》。"

《旧上海的租界》这一课以请学生交流自己摘录的有关《南京条约》的内容导入新课，相信学生在听着丧权辱国的条约时，心情一定十分沉重，心中充满了对侵略者以及腐败无能的清政府的憎恨。达到"一石激起千层浪"的效果，学生的心抓住了，引起他们的共鸣，使他感受到腐败无能就要受欺侮，激发他们不忘国耻、热爱祖国的情感，从而达到了本课的教学目的。

第二节　激智导入

　　学习的主要目的就是要培养和开发学生的智力。教师在教学过程中，必须使学生的各种智力因素参与到学习活动中来，这样才能在学习和掌握知识的过程中提高学生的智力。

　　思维能力的发展是学生智力发展的核心，同时也是衡量学生智力发展程度的重要标志，人们在认识客观世界时，必须要通过思考来理解事物的本质和内部联系，从而提高思维能力和智力。

　　那么，我们来看导之以智、开拓思维的五种导入方法：

一、布障导入法

　　布障导入法是指教师在导入新课时可以针对学生学习过程中容易发生的错误，适时巧妙地设置一些"陷阱"，布下一个障碍，诱发学生产生错误，然后通过讨论，分析或自我"反省"，找出错误产生的原因，纠正错误。这样，不仅可以防止学生重蹈覆辙，而且能促进学生自我意识的发展，提高学生分析问题、解决问题的能力。

　　例如，关老师在上《同学之间》一课之前，设计了这样的语言：

　　　　老师："同学们，我们在四年级第二学期曾写过一篇作文《我的好朋友》，这篇作文写人还是记事?"

　　　　学生："写人。"（出示：《我的同学》）

老师："这个题目写人还是记事?"

学生："写人。"(出示:《同学之间》)

老师："这个题目写人还是记事?"

学生："写人。因为题目中告诉我们'同学'两字,当然是写人的。"

老师："你们是这样认为的,那么,究竟写人还是记事?"我们先去看看要求。"(学生读要求)

老师："读了要求后,谁来说说这篇文章到底是写人还是记事?"

学生："这篇文章是记事的。"

在教学中,学生往往会碰到一些相近或相似的知识点,他们特别容易混淆,从而引起判断错误。在新课开始前,关老师为了让学生对今天新课有深刻认识,便设下一个小圈套,出示了与本次作文题目相似的两篇写人题材的作文题目《我的好朋友》、《我的同学》,让学生分辨题材,接着直接出示本次作文题目《同学之间》让学生辨析,学生用已有的经验,不加分析便确定是写人的文章。关老师在学生出现错误时,不加判断,让学生先阅读本次作文要求,接着通过自己辨析,让学生更深刻地了解本次作文题材,避免学生以后再犯同类的错误。

因此,在教学中当教师在讲授一些相近或者相似的知识点,而学生又特别容易混淆不清,引起判断的错误时,为了帮助学生理解和巩固新知,教师有时采用"布障"的方法,先引发学生产生错误,然后有意识地组织学生讨论辨析,这样,不仅能使学生较容易地接受新知识,而且能使学生分清知识并牢固掌握知识。

二、操作导入法

操作导入法是指利用教具、学具等教学媒体通过亲身实践,经过观察,分析得出事实的某种猜想和结论的过程,从而导入新课。

美国教育家布鲁纳认为:"不经历真正的知识过程而单纯授受的知识

是不能成为生动的知识的。"操作学习能充分体现以学生为主体、教师为主导的教学思想。

例如，余老师在教授《学生日卡制作》一课之前，设计了这样的导语：

老师："大家对 Power Point 已经学习了一段时日，上节课，我们已经制作了一张学生日卡了，老师觉得很多同学都设计得很不错，从画面、色彩和效果上来看都是不错的作业。但老师觉得还有一点点缺憾，如果我们制作的画面能够让它动起来，相信效果会更好的。"

学生："Power Point 制作的画面还会动吗？"

老师："老师从刚才大家的话语中已经看出大家好像不太相信老师的话。那下面就请大家到'格式/自定义动画'中去试一试。"

（在老师的提示下，学生尝试着去操作，大约五分钟左右）

老师："刚才，有的同学已经找到了这个制作的工具，并且能够初步地使用，但是还是有一些同学不知道如何制作会动的画面，下面就看老师边说边演示。"

这堂课余老师运用操作导入新课，一方面是让学生能在课堂的第一时间进行练习所要新学的内容，通过这样的超前练习可以对新知识有个初步地尝试。在此过程中，肯定有些学生会不知所措，从而产学生迫切要掌握新技能的强烈欲望。相信学生这种"我要学"的心理一定会为下面的学习打下很好的基础。

当然，在运用操作导入法时，教师必须根据教学目标、学生情况和可教授性，按知识结构设计操作顺序的方式，学生在教师对操作顺序和方式进行讲解和辅导的两个过程中进行操作学习。这样，在操作学习中能使学生经历知识发展的过程，经过亲身实践，探求知识的过程，帮助学生揭示规律，建立概念，掌握真正的知识。

三、切入导入法

所谓切入，就是从某一点或某一方面入手，这一点或这一方面也称切入点或突破口。在教学中，抓住要教授内容的某一重点或难点单刀直入导入教学，就是切入导入。

切入导入法可分为四种：

第一，课题切入。它可以单刀直入，较快地切入教学目标，易于激发学生深入钻研教学内容，探求答案的强烈愿望，可省去一些不必要的环节。

第二，关键词句切入。这样的切入既可以牵动全文的内容，又可以透视文章的中心，可加速学生对课文内容的理解，有利于把握中心思想，体会作者思想感情，能培养学生分析、归纳、概括能力，还可以学到如何围绕中心选材、组材的读写知识。

第三，重点段落切入。在语文教学中课文的内容、段落层次，有主次之分，详略之别。基于这样的特点，可以根据教材特点，跳跃讲读，直奔重点，实行"变序式"的课堂结构。

第四，课后问题切入。课后习题体现了"大纲"对教师的教学与学生的学习的基本要求，为教师指出了教路和为学生指出学路。

例如，何老师在上《look and read》之前，设计了这样的导语：

老师："Have you been to the beach? What can you see at the beach? This is the Tan's family. Now they are at the beach. Look at the picture and answer my questions：

Where are the Tans? What is Jane doing?

Who is swimming? What colour is the Sun?

Where is Mrs Tan? Is the sun shining?

上述问题都是课后练习的内容，也是要求学生掌握的内容。何老师让学生们通过图片、讨论，理解并回答出问题，抓住课文的重点，单刀直

入。

教师在教学切入点的选择上，应以教材的特点和学科为主，不同的内容可以选择不同的切入点，因此，切入点的选择和设计是多角度的。该课教学中何老师选择了从课文后的练习为切入点，主要是因为课文的内容是介绍照片（有关海边活动、嬉戏），教学的重点是动词现在进行时的运用，课后的问题大多围绕图片和课文的内容。老师学生间的问答练习，既加深了学生对课文的理解，同时也在回答问题时，学习了新的动词——shining，collecting，sailing。

通过学习，学生饶有兴趣地进行扩充练习（用照片交流活动的场面），由此可见，灵活选择、运用导入，会激发学生的学习兴趣，使他们乐于学习。

四、比较导入法

比较导入法是指根据新旧知识的联系点、相同点，采用类比的方法导入新课。比较法是一种运用旧知去获取新知的重要方法，它可沟通各部分知识之间的联系。

同时，比较法是教学中较常用的一种导课手段，通过对比，能够更好地突出教学目标，使学生一目了然，培养学生辨别是非、分清美丑的能力，提高学生美化生活、享受生活的美感。

例如，余老师在讲《幻灯片添加背景》这一课时，设计了这样的导语：

余老师首先播放一组静态的幻灯片，再播放一组添加了声音、动画效果的幻灯片，鲜明的对比之中，无需教师多讲，学生的学习积极性就被充分调动了起来。

又如余老师在讲《Power Point 制作演示贺卡》时，设计了这样的导语：

余老师先指一名学生口头介绍自己的学校，然后媒体展示一组集学校整体外观、内部设施及校园学生活于一体的幻灯片，这样对比，效果明显，作用突出，起到了开门见山的作用，既让学生知道了本节课的主要内

容，又给学生指明了应用方向。

"兴趣是最好的老师。"学生有了兴趣，才能具有最佳的学习状态。好的导入方法能充分地激发学生的这种积极情感，现代心理学研究表明，积极的情感对个体的认知过程具有重要作用，它能直接作用于学生的课堂行为，并能改变其学习效率和质量。因此，作为教师，要不断提高自身的导课技能，善于激发学生的积极情感，以保证课堂教学的良好效果。

美国教育家奥苏泊尔指出："迁移就是一种学习对另一种学习的影响。教师在教学中恰当地运用比较的方法，有利于知识的正迁移。用比较导入能沟通各方面知识的联系，通过比较，能帮助学生串起各个相关知识，并学会运用原有知识解决现有问题。"

教师在运用比较法导入新课时，按比较的内容分通常有以下两种：

第一，同一类知识进行比较。这是教师在课堂教学中使用最多的一种方法，具体地说就是以学生已学过的同类知识为基础，与新讲的知识进行比较，以引导学生发现知识的个性或共性，从而导入新知识。

第二，同一知识的不同特点进行比较。通过对知识的自我比较，可以探索其知识点的规律，并分析研究其变化，达到学习新知识的目的。

第三节　情感导入

学生的认知活动与心理情感有着不可分割的联系，情感对于思维就像能源对于机器，积极的情感能够启发学生的思维和开发学生的心智，对学生的认知活动具有推动作用。因此，作为教师应该导之以情，为学生创造合适的学习气氛。那么，我们来看导之以情，创造气氛的四种导入方法：

一、激情导入法

激情导入法是指在课堂教学的实际教学过程中，以激发学生情感为主要手段，对学生进行审美和人文教育的导入方法。具体来说，就是教师依据课文特定的内容，选择配合所教文章的诗歌、故事、情境、小品等，以声情并茂的语言以情感人，让学生在不知不觉中接受审美教育，并能独立自主地形成内在的情感。

例如，仇老师在讲《啊，故乡那轮明月》这一课之前，设计了这样的导语：

（教师出示"明月"的图片）
老师："同学啊，图片上画的是什么？"
学生："是月亮。"
老师："对呀！月亮，以其独特的魅力，历来受到许多文人的青睐。古往今来，人们写下了许多描写月亮的诗句，我们最为

熟悉的《静夜思》就是其中的一首，谁能为大家背诵这首诗？"（学生背诵《静夜思》）

老师："背诵得真好！人们一提到写月亮的诗句，大家都会不由想起李白的这首诗。是啊，无论我们走到哪里，故乡的那轮明月总是最美的，让我们一起再把这首古诗吟诵一遍，感受月光带给我们的思乡之情吧！"（学生齐背《静夜思》）

老师："今天，我们也来学习一篇抒发作者眷恋故乡、喜爱明月之情的散文。"（板书课题，学生齐读课题）

《啊，故乡那轮明月》这篇课文的导入设计中，仇老师以如诗如画的导语和学生熟知的《静夜思》激发学生的情感，新、旧知识联系，易于让学生接受。本文描写的月夜景色如诗如画，引入课文的导语也如诗如画，以此激发了学生喜爱明月的思想感情。

当然，"激情导入"的目的不仅是为了创设氛围，激发学生情感，更在于从整个课堂教学出发关注学生的情感特点，创造各种机会，让学生得到与众不同的教育，开发学生的潜质，使每个学生能够得到个性的张扬、情感的宣泄，并最终激发学生的审美情趣。

"激情导入"的教学环节可分为情感的"创设"、情感的"引入"、情感的"疏导"、情感的"交流"和情感的"升华"（即发展）五个部分。教师应根据教学内容所具有的特有的情感基调设计不同的导入语，或激昂或沉郁，或正衬或反衬，把学生一下子就带入到教师创设的特有的情感氛围中去。

二、创设情境导入法

创设情境导入法是指在教学过程中为了达到既定的教学目的，从教学需要出发，引入、制造或创设与教学内容相适应的具体场景或氛围，引起学生的情感体验，帮助学生迅速而正确地理解教学内容，促进他们的心理机能，全面和谐发展，提高教学效率。

由于学生所处的学习、活动和学生活环境都是一种教"场"，会给学

生带来潜移默化的影响。因此，在导入新课时，教师应根据材料内容，创设新奇、学生动、有趣的学习情境，让学生置身于情境之中，自觉参与教学过程。

例如，余老师在教《探索规律》之前，设计了这样的导语：

小时候，大家都喜欢唱儿歌，背儿歌，现在我们就随着音乐共同回到快乐的童年时代。

余老师放音乐：

1 只青蛙 1 张嘴，2 只眼睛 4 条腿，1 声"扑通"跳下水；

2 只青蛙 2 张嘴，4 只眼睛 8 条腿，2 声"扑通"跳下水；

3 只青蛙 3 张嘴，6 只眼睛 12 条腿，3 声"扑通"跳下水；

学生不由自主地跟着唱起来：

4 只青蛙 4 张嘴，8 只眼睛 16 条腿，4 声"扑通"跳下水。

余老师在黑板上边听边写：

1，1，2，4，1

2，2，4，8，2

3，3，6，12，3

4，4，8，16，4

余老师关掉录音说：那么 n 只青蛙呢？

学生唱道：

n 只青蛙 n 张嘴，2n 只眼睛 4n 条腿，n 声"扑通"跳下水。

余老师顺势说：大家回答得很正确，这就是我们今天要学的内容——探索规律。

通过音乐片段让学生置身于有趣的课堂气氛，触发学生情感，引导学生主动参与，有利于开发学生智力。创设情境引入的方式，可以营造一个和谐的课堂气氛，拉近老师学生间的距离，提高学生学习数学的兴趣。

前苏联著名教育学家赞可夫说："教学法一旦触及学生的情绪和意志领域，触及学生的精神需要。这种教学法就能发挥高度有效的作用。"这

种导入类型能激发学生的好奇心和求知欲，起到渗透教学目标的作用。

三、诗词导入法

诗词导入法是指教师利用学生易懂、熟识或自己编写的诗词来导入新课，这种方法具有浪漫的艺术气息。中国传统的诗词讲究意境，意境本身就是一种高度浓缩的情境。运用与课文相关的诗词作铺垫，可以创设一种优美的情境，激发学生的心理感受，从而使学生能够较好地理解课文。诗词不仅语言优美，而且能激发学习者的动机、兴趣和追求的意向，使课堂教学各种目标、特别是思想教育目标情感教育目标，能够得到较好地落实。

例如，侯老师在讲《李白思乡》这篇课文之前，设计了这样的导语：

侯老师边背唐诗边走进教室："日照香炉生紫烟，遥看瀑布挂前川。飞流直下三千尺，疑似银河落九天。"

（学生大声地和侯老师一起背，脸上露出快乐的神情）

老师："大家都会背这首唐诗，那有谁知道它的作者是唐朝的哪位大诗人吗？"

学生："李白。"（学生异口同声地回答）

老师："对了，今天我们又要学一篇有关李白的课文。"

（板书课题：李白思乡）

爱因斯坦曾说过："只有热爱是最好的老师。"青少年一般喜欢诗词，有的还专门备有笔记本，广泛收集。诗词语言精炼，含意丰富，表现力强，富有深刻的哲理，对学生学好语言不无启迪作用，同时还能陶冶情操，开拓视野，激发情感。

李白是我国古代著名的一位大诗人，号称"诗仙"，这首《望庐山瀑布》可谓是家喻户晓，大部分学生在入学前已经会背了。因此由这首诗作为导入，激发学生感情共鸣，让他们尽快进入课文角色，成为学习的主人。

实践证明发挥好诗词导入的情景效应，造成一种积极的"定势"，让学生带着仰慕的心情学习课文，大有益处。

因此，在课堂导语设计中，教师恰到好处地用一些诗文名句，不但能够很快地渲染一种诗情画意的典雅氛围，而且能创设"先声夺人"的审美情境，让课堂教学充满诗情画意，体现出鲜明的抒情格调，让学生接受美的熏陶，这种熏陶不仅有利于教师学习本身，而且还有利于学生心灵与人格的健康发育。

四、音乐导入法

黑格尔曾说："音乐是精神，是灵魂，它直接为自身发出声音，引起自身注意，从而感到满足……音乐是灵魂的语言。"因此，在教学中，教师可以使用音乐，通过人的听觉器官，使学生产生一种身临其境的意境。这样，学生的情感就能得到充分的表现，并在此基础上得以提炼和升华。

例如，施老师在讲《音画水族馆》这一课之前，设计了这样的导语：

课还没开始，施老师便在学生不经意间，放了一段《水族馆》的音乐曲调。学生们觉得挺好奇，怎么不上课呀，但又被那美妙的乐曲所吸引，有的还闭起了眼睛慢慢欣赏起来。

一段乐曲过后，施老师问道："你们刚才听到了什么吗？"

学生回答："是乐曲！很好听的！"

老师："哦，那么你们还想再听一遍吗？"

"想！"同学们异口同声地回答道。

于是，这段优美的水族馆的乐曲又回荡在同学们的耳边，这次同学们听得更投入了。

这时施老师介绍道："你们知道吗？"这首曲子的名字叫《水族馆》，说到水族馆相信你们都知道吧！今天老师请同学们通过听这首乐曲，去领会乐曲中所表现的内容，大胆地展开想象，来绘制一幅美丽的海底世界图！你们能行吗？"施老师说着出示了这节课的课题——音画水族馆。

"能！"只见学生们信心十足，准备迎接这次挑战。

施老师在这节课里安排的活动内容，就是让学生在反复欣赏乐曲的基础上，领悟并想象其中的意境，去大胆地设计绘制一幅美丽的海底图。如果课前施老师单一地提出此次活动的内容，也许并不能激发学生的学习欲望。而优美的乐曲是人人爱听的，何况是让学生在课堂中去欣赏，孩子们在课中听到美妙的乐曲，就会比往常更仔细、更投入。通过两次的乐曲欣赏让学生不仅感受到了音乐之美，更为后面将要进行的课堂活动打下扎实的基础。这时，施老师才适当地提出本节课的内容和要求，这样，学生也就能很快地进入角色。

运用音乐导入是教学中常用的一种手段，它适用于各学科之中。音乐导入的使用，不仅可以渲染气氛，而且能使学生身心愉快。通常音乐的引入，先在听觉上刺激学生的感官，激发他们的发散性思维，给学生一个想象的空间。所以，教学中音乐的导入能使学生更深、更广地接受音乐的熏陶，同时也能激发学生的主动性、积极性，从而使我们的教学贴近学生，为他们所接受。

第四节　趣味导入

　　趣味导入就是把与课堂内容相关的趣味知识，即数学家的故事、数学典故、数学史、游戏、谜语等传授给学生来导入新课。

　　俄国教育学家乌申斯基认为："没有丝毫兴趣的强制性学习将会扼杀学生探求真理的欲望。"美国著名心理学家布鲁诺也说过："学习的最好刺激乃对所学知识的兴趣。"趣味导入可以避免平铺直叙之弊，可以创设引人入胜的学习情境，有利于学生从无意注意迅速过渡到有意注意。

　　因此，在教学过程中，教师重视对学生学习兴趣的激发，注意在每一堂课的开课之时，就激发起学生学习的探求欲。一旦学生对所学的内容或课文产学生兴趣，就能以极大的热情投入到学习活动之中，并取得理想的效果。那么，我们来看导之以趣、激发兴趣的四种导入方法：

一、表演导入法

　　表演导入法是指教师根据课文故事情节，分角色进行表演以导入新课的方法。学生对新鲜事物充满了好奇，好奇心驱使他们深入地学习、求知。为了使教学一开始就打动学生的心，恰当地以表演来导入新课进行教学，可以充分调动学生的情感和兴趣。

　　例如，夏老师在教《牧童短笛》这篇课文之前，设计了这样的导语：

　　上课开始，夏老师亲切地对学生说："同学们，谁愿意给大

家表演个节目?"

接着某位学生的表演,夏老师打开琴盖:"老师也来为你们表演一首钢琴曲吧!"

夏老师很有感情地演奏《牧童短笛》。

学生被夏老师优美的琴声打动,情不自禁地鼓掌。

夏老师向学生表示感谢,告诉学生:"今天的课就是要学会欣赏这首由我国著名音乐家贺绿汀所作的《牧童短笛》。不过,我们欣赏的是由长笛演奏的,你们听一听,是否能感觉到牧童在牛背上悠闲地吹笛、嬉戏呢?"

人的认识总是从感性开始的,总是由具体到抽象逐步深化的。因而直观的表演在教学中有着重要的作用。

古人云"为学贵慎始",打好课堂教学的"开台锣鼓",能较好地激发学生的学习兴趣,把学生引入最佳的学习状态。因此,教师要精选适合表演的教材,适当地进行课前准备,老师学生合作,学生间合作,以全新的感觉走进课堂,让学生在趣味盎然的情境中步入学习过程。

二、游戏导入法

游戏导入法是指教师通过组织学生进入到游戏情境中,在一种既紧张又愉快的心情伴随下进入学习,它比较适合中、低年级的学生。其意义并不在于单纯地激发兴趣、活跃课堂气氛,它是完成教学目标的手段。人可以改变环境,环境也可以改变人,良好的导入,既可以使求学的氛围迅速得到改变,还可以让学生迅速了解这节课主要讲什么,重点是什么,目的是什么,起到"先入为主"的定向作用,有助于学生理清思路,快速达到目的。

例如,程老师在教《立定跳远》这节体育课之前,设计了这样的导语:

上课铃响了,程老师站在学生面前,亲切地问学生:"同学

们，你们一定都看见过小青蛙吧！那谁知道青蛙是怎么走路的呢？谁能做给大家看一看？"学生异口同声地回答："小青蛙是一跳一跳走路的。"

老师："那它是怎样跳的呢？下面程老师请所有的同学来做个《小青蛙过河》的游戏，然后请同学们想一想，小青蛙跳的时候，两个脚是怎样的？"游戏结束后，程老师让学生交流并总结出：青蛙跳的时候是两只脚一起离地，又同时着地的。最后程老师自然地引出今天的学习任务。

老师："今天我们就要学着小青蛙的样子，看谁跳得最远？"

为什么这样的学习使学生积极性特别高？因为这是一种游戏性质的学习，既学习又游戏。在学习和活动中，学生都是真正的主人。在体育教学中根据学生的兴趣、爱好、运动基础，运用游戏形式来导入，同样也能引导学生积极参加，体验体育运动的乐趣。

中、低年级学生学生性好动，蹦蹦跳跳是他们年龄期的特征，他们对单一的教学方法有厌烦性。程老师就抓住这一心理特点，结合《小青蛙过河》的游戏让学生在宽松的教学氛围中，自由自在地玩、练，使之初步体会立定跳远的基本动作要求——"双脚起跳、双脚轻巧落地"的基本技术，并通过学生在练习中的对比达到完成教学任务的目的。

三、故事导入法

故事导入法是指教师在教学中用讲故事的形式（如典故、传说、历史故事等）导入对新知识、新课题的讲解。故事导入突出了情趣性，容易将学生的学习动机激发起来，热情积极地投入到对问题的探索中去。但值得注意的是，故事的内容与课题要紧密相关，做到贴切、典型，以更好地起到激活学生学习思维的作用。

例如，郁老师在讲"等比级数求和"之前，设计了这样的导语：

郁老师先向学生讲述了一则幽默故事。他说：传说印度的舍

国王，要重赏发明 64 格国际象棋的大臣西萨。他问西萨想得什么奖赏，西萨说："我想要点麦子。您就在这棋盘的第一格赏我一粒麦子，第二格赏两粒，第三格赏四粒……依次都是后一格的麦粒比前一格多一倍，您就把 64 格内的麦粒的总和赏给我吧！"国王听后连忙说："你的要求太低了。"

讲到这里，老师转而问学生："你们说，这个要求真的是太低了吗？"这一问，课堂上顿时活跃了起来。这时，老师在黑板上写出了 18 446 744 073 079 551 615 一串数字，然后解释道："这就是西萨要求得到的麦粒的总和。这些麦粒若以重量计算，约为 5270 亿吨，竟是全世界过去两千年内生产的全部小麦。"听到这里，同学们兴趣盎然。

这时老师乘势导入新课："国王为什么吃亏？这样大的数字怎样才能迅速算出？学了'等比级数求和'一课，同学们就清楚了。"

郁老师以故事导入新课的方法生动有趣。从学生爱听故事这个角度来说，学生通过郁老师所讲述的故事，使他们对故事中数的表示方法产生浓厚的兴趣，同时也激发了他们学习的迫切感，在这种状态下学习，学生一定会主动参与，这比直接把新知识灌输给学生的那种填鸭式教学有用多了。其次，这种方法符合学生对知识的认知规律，使学生能够较好的过渡到新课的学习。

通常有经验的教师，在课刚开始时，由于学生大脑皮层的兴奋点可能还停留在课间发生的有趣事情上或上一节课的内容上，因此教师需要因势利导，把学生的注意力巧妙地转移到这节课的学习目标上来。

四、图片导入法

图片导入法是指教师把实际学生活中不能用直观教具引入的内容，利用图片表达出来，把一些抽象的知识变成具体的可视的物体，使学生一目了然。

例如：

华老师在讲《迷人的秋色》这篇课文之前，设计了这样的导入方式：

"花木灿烂的春天固然可爱，然而，瓜果遍地的秋色却更加使人欣喜。"上课开始，华老师说着优美的语句，直接引入主题。

接着，华老师出示秋景图，问："同学们，你们看这幅图，图上画些什么？"

学生通过仔细观察，发现图上画着柿子、苹果、山楂等水果。

老师："你们觉得这景色怎么样？"

根据学生回答板书课题"迷人的秋色"，学生齐读课题。

最后，华老师指着这幅图介绍起来："你们看，那著名的红香蕉苹果，是那么红，那么鲜艳，那么让人喜爱，大金帅苹果金光闪闪，一片黄澄澄的颜色，山楂树上缀满了一颗颗玛瑙似的红果。课文的第三节就学生动地描写了这幅画的内容，你们想不想学？"

学生迫切地打开书本，开始学习起来。

心理学研究表明："人在情绪低落时的思维水平只有高涨时情绪的一半。因此教师在教学中想方设法激发学生的学习兴趣，使学生进入欢乐愉快的最佳心理状态，从而打开思维的闸门。华老师针对学生的这一特点设计了图画开讲，而且，先出示图观察秋天山洼里的瓜果丰收，再点出课题，最后介绍图的内容，不仅引起学生的学习兴趣，而且让学生的情感受到了美的感染，得到一种美的享受。

第二章　教师课堂提问的技巧

　　有句话说，好奇是人类的第一美德，兴趣是最好的老师。好奇也是学生学习和认识新事物的原动力，在课堂教学中的最大失败是学生讨厌学习，厌烦学习。而教学的最大成功是学生乐于学习，主动去学习。因为每一个人总是有力图去认识，探究新事物的心理倾向。那么在课堂教学中，教师精心设计的新奇蕴疑的教学提问，能够让学生沉浸在好奇的氛围之中，可以激起学生强烈的求知欲和浓厚的学习兴趣。因此学生也就好学，从而提高了课堂教学效果，也让学生体会到学习的快乐。

　　但是，教学实践证明，并非所有的课堂提问都能达到预期的目标，只有那些优化了的课堂提问才能取得好的效果。

第一节 课堂提问的作用及要点

一个完整的课堂提问过程，包括以下四个阶段：

1. 置境阶段。教师用指令性语言设置问题情境，由讲解转入提问，使学生在心理上对问题有所准备。

2. 置疑阶段。教师用准确、清晰、简明的语言提出问题后，要给学生留有思考时间，然后根据学生的具体情况，结合教学经验再要求学生回答。

3. 诱发阶段。如果学生对所提问题一时回答不出来，教师要以适当的方法鼓励、启发、诱导学生作答。

4. 评核阶段。教师应以不同的方式评价学生的答案。包括：检查学生的答案，估测其他学生是否听懂答案；重复学生回答的要点，对学生所答内容加以评论；依据学生答案联系其他有关材料，引导学生回答有关的另一问题或追问其中某一要点，即进行延伸和追问；更正学生的回答，就学生的答案提出新见解、补充新信息；以不同的词句，强调学生的观点和例证，也可以引导其他学生参与对答案的订正和扩展。

由此可见，精心设计的课堂教学提问有如下作用：

1. 能把学生带入"问题情境"，使他们的注意力迅速集中到特定的事物、现象、定理或专题上。

2. 通过提问引导学生追忆、联想，进行创造性思维，从而获得新知识。

3．提高回答问题的能力和言语表达能力。

4．提问可以使教师及时得到反馈信息，不断调控教学程序；为学生提供机会、激励他们提出问题，积极主动地参与教学活动。

课堂教学提问应该进行优化设计，优化了的课堂提问应具备以下特点：提问设计的难易要适度，要符合学生的实际水平。提问难度应控制在多数学生通过努力都能解答。

提问设计要充分发挥和调动学生内部动机作用。一是引导学生去积极探求真理。有经验的教师不直接向学生奉献真理，而是诱使他们去探求真理。二是要鼓励学生发现和提出问题。教师要放手让学生直接参与提问设计，引导学生提出这样或那样的问题，由此发现新的天地，创造新的情境，从根本上改变提问中"生从师问"的被动局面。三是要欢迎学生发表创新见解。教师应当欢迎学生对自己的讲解提出不同看法，对教材内容的缺点和问题提出质疑，发表看书的见解。决不要有意无意地压抑学生发表创新见解的积极性。

课堂教学提问的设计要点如下：

（1）整体性。提问题要紧扣教材内容，将问题集中在那些牵一发而动全身的关键点上，以利于突出重点、攻克难点。同时，组织一连串问题，构成一个指向明确、思路清晰、具有内逻辑的"问题链"。这种"问题链"体现教师教学的思路，打通学生学习的思路，具有较大的容量。

（2）量力性。第一要适度。提问应以实际现象和日常生活或已有知识、经验为基础，提出符合学生智能水平、难易适度的问题。第二要适时。提问的时机要适当。第三要适量。提问设计要精简数量，直入重点。教师要紧扣教学目的和教材重点、难点，根据学生的实际情况，力求提问设计少而精，力戒平庸、繁琐的"满堂问"。

（3）启发性。多编拟能抓住教学内容的内在矛盾及其变化发展的思考题，为学生提供思考机会，能在提问中培养学生独立思考的能力。

怎样设计提问启发学生思维呢？一是创设问题情境。二是要揭示矛盾，引起思索。三是要适当设计一些多思维指向、多思维途径、多思维结果的问题，强化训练学生的思维，培养他们的创造性思维能力。

（4）趣味性。提问设计要富有情趣、意味和吸引力，使学生感到在思索答案时有趣而愉快，在愉快中接受教学。教师要着眼于课文巧妙的艺术构思设计提问，以引起学生的好奇心，激发他们强烈的求知欲望。

（5）预见性。提问能事先想到学生可能回答的内容，能敏锐地捕捉和及时纠正学生答复的错误或不确切的内容以及思想方法上的缺陷。

（6）灵活性。提问要灵活运用。讲、练、读、议诸环节中都可以回答问题或带着问题进行；也可以在学生精神涣散时，用提问的方法来集中学生的注意力。

下面几节，我们将具体介绍课堂提问的几种方法。

第二节　巩固型提问

巩固型提问是指教师在课堂教学中，为了使学生更好地掌握学过的知识而设计的一类提问。这类提问不仅可以帮助学生在理解知识的基础上牢固地掌握所学的知识，并且能持久地保持，在需要时准确无误地再现和运用，为学生的进一步学习和发展智力打好基础。

巩固知识的提问形式可分为以下几种形式：

一、复述型提问

复述型提问是指教师在课堂教学中让学生用语言把现成学习材料表述出来。比如，复述重要的概念、原理、方法；复述问题的条件和结论；复述解题过程；复述演示、实验的过程和结论；他们的思维活动，理顺知识结构，突出教学重点，还可以使学生对学习材料的感知更充实、更完整、更清晰。

例如：

五年制教材第三册有这样一道简单应用题：有12根筷子，每2根是一双，一共有几双？李老师为了易中求深，加强学生对简单应用题的结构和解题思路的认识，在列式计算之前提问学生：1. 这道题说了一件什么事情？给了哪些条件？要求什么问题？2. 知道"有12根筷子，每2根是一双"这两个条件，可以解答什

么问题？要求一共有几双筷子，需要知道什么条件？在算出 $12 \div 2$ $=6$（双）以后，再提问学生。3. 这个问题用了什么方法解答？12 表示什么？2 表示什么？6 表示什么？4. 怎样检查作答？

二、回忆型提问

回忆型提问是指教师让学生对已经学过的知识，如概念、原理、法则、方法等，进行再现和确认，从而巩固学生对基础知识和基本技能的掌握，这种提问常常被用来为学习课提供铺垫，有时通过知识的迁移作用，能够以旧引新，达到水到渠成的教学效果。

例如，王老师在讲《My Dream》一文时，就对学生提出了如下的问题：

Do you remember Tom's dream and Lily's dream last term?

Does Tom's dream to have a big house?

What about Lily's dream house?

Does Lily hope to have a big garden?

What about Tom's dream garden?

Are their dreams the same?

What is your dream?

通过上面的问题既可了解学生对以前课文熟悉程度、记忆情况，又为新课作了铺垫。

三、探究型提问

探究型提问是指教师让学生通过积极的思维活动，如比较、联想、推理等，自己去发现问题，分析问题，寻找知识的规律和解决问题的方法。这样，可以培养学生积极思考的习惯，激发创新。

例如，在讲"9 的乘法口诀"时，黄老师摒弃了让学生机械记忆的传统教学方法，引导学生去理解、探索、发现口诀的规律，效果颇佳。

她先让学生算出：$9 \times 1 = 9$，$9 \times 2 = 18$，$9 \times 3 = 27$，……$9 \times 9 = 81$。然后问道："大家看看，这一系列算式中有没有什么规律？"一位学生说：

"算式中的被乘数都是9，乘数一个比一个多1，积一个比一个多9。"黄老师热情鼓励了他，然后老师问："大家再看看算式中积的两位数之间，18，27，36……"结果引发了同学们探索和创造的激情："积的个位数和乘数相加都得10"，"几个9就比几个少几"，等等。

黄老师的启发诱导下，同学老师从"9的乘法口诀"中发现了七八条规律，个个兴致勃勃。

四、理解型提问

理解型提问是指教师检查学生对知识技能老师理解、掌握的程度。要求学生对材料加以解说、概述、辨析、排列和整理。这一提问应在学生达到一定的知识水平才能做到。因此在教学实验中，应注意阶段性地、台阶式地提问，使学生在渐渐加深与扩展的问题能得到逐步地解决。

例如，王老师在《I'm a Young Pioneer》的课文学习中，提出如下的问题：

What's the date today?

Is it Children's Day?

When is Children's Day?

Why is today a special day for them? Do they feel excited?

What do they wear at last?

Is the red scarf the symbol of the Young Pioneers?

Are they proud of it?

Where can you see the Young Pioneers pennant?

What do all the Young Pioneers salute to?

How do you salute?

王老师设计的这些提问，帮老师学生在回答的过程就已经巩固和理解了所学的知识。

五、激励型提问

激励型提问是指教师通过激发学生的求知欲望，从而带来学习的动力的提问。

例如：

在比例尺教学之前，先提出"给你一张地图，你算出我们省会（或省府）到北京的距离有多远吗？"教学最小公倍数之前，提问学生："谁会找到一个最小的数，它能同时被 12、18 整除？"再如，教学比例应用题，先提出"怎样测量学校旗杆的高度？"从而激发学习的兴趣。

六、诱导型提问

诱导型提问是指通过一系列提问，诱导学生发现知识的结论。

例如：

马老师在《五四运动和马克老师主义的传播》这节课中，提出一个问题，"为庆祝新中国诞生，在开国大典鸣礼炮时，你们知道当时设置了多少门礼炮，齐鸣了多少响吗？"然后告诉学生："是 54 门礼炮齐鸣了 28响。设置 54 门礼炮是为了纪念五四运动，齐鸣 28 响是为纪念中国共产党领导人民进行 28 年浴血奋战，终于取得了新民主主义革命的胜利。那么，为什么要在如此隆重的时刻来纪念五四运动？五四运动是怎样爆发的？为什么会爆发？它有什么重要意义？"

马老师这样的提问会使学生老师趣盎然，从而在主动、轻松的心态中进行学习。

七、例证型提问

例证型提问的目的是将学生学到的知识具体化。

例如：

"请你说出生活中形状是圆的物体有哪些？""球是圆吗？""请你分别举出一个等式、不等式、算式、方程的例子，并说明理由。"这种设问特别适用于检验掌握概念的实际水平。

八、深化型提问

深化型提问是指在学生得出知识的结论后，引导学生进一步深化对知

识的理解。

例如：

郝老师在复习等腰三角形时问："什么样的三角形是等腰三角形？"这样的问题太容易，而且答案只属于记忆性的，起不到深化知识的作用。如果换一个问法"等腰三角形一边为 4 厘米，一边为 6 厘米，求第三边？"（答案：第三边为 4 或 6 厘米），"如果一边为 4 厘米，一边为 10 厘米，求第三边？"（答案：第三边为 10 厘米）。"为什么前一问是两个答案，后一问只一个答案？"

这紧接着的第三个问题，就是要求学生在等腰三角形的知识外，运用"三角形两边之和大于第三边"的知识来解答问题。像这样的深化性提问不但具有启发性，而且通过问题的变化，逐步推进，使学生对所学知识融会贯通。

九、纠错型提问

纠错型提问的目的是把学生头脑中一些隐性的错误认识诱发出来，加以纠正。

例如：

"$a2$ 与 $2a$ 之间有什么关系？""甲比乙多，乙比甲少几分之几？""0.95 小时等于多少分钟？""当正方体的棱长是 6 厘米时，它的表面积和体积是不是相等？为什么？"

纠错性提问适用于学习难度较大的知识，如进、退位加减法、稍复杂的分数应用题；知识相似而产生泛化，如周长与面积，整除与除尽，正比例与反比例；或者数学概念含混不清等方面。

十、技能技巧型提问

技能技巧型提问是指教师为了检验和提高学生老师已学知识熟悉程度。如小学课堂的口算练习，教师说算式、学生报得数等。

复习提问要做到经常性、及时性。讲课中、讲课后都可以组织提问，巩固学生知识。

第三节　技巧型提问

　　技巧型提问是指教师在课堂教学中，凭老师的经验，抓住教学内容和学生的心理，巧妙地给学生设计各种类型的提问，让学生在回答教师提问的过程中，更加深刻地理解和掌握课堂知识。

　　技巧型提问可分为以下几种：

一、设问型

　　设问是指教师精心设计问题提问学生，它的特点是将问题提出后，并不要求学生作答，而是自问自答，它能够引起学生的注意，造成学生的悬念感。

　　设问常用于复习。复习中的设问，一般不是知识的简单重复，而是着眼于培养学生多向思维能力，以利于知识的巩固和提高。设问还常用于引入新课，其作用是设置悬念，以激发学生学习兴趣、热情和求知欲。这种设问，往往把一节课的重点与日常生活密切相关，同学生有强烈愿望的问题联系起来。

二、追问型

　　追问是指教师把所传授的知识分解成一个个小问题，一环扣一环系统地提问学生。追问的特点是教师发问的语气较急促，问题与问题之间的间隙时间较短，能创设热烈气氛，训练学生的敏捷、灵活的思维品质。追问

能使学生保持注意的稳定性，刺激积极思考，有利于全面掌握知识的内在联系。

例如：

张老师在开始讲《一分试验老师》一文时，为了检查学生自读课文的效果，特别设计了一组提问："谁种的这一分试验田？他为什么要种这一分试验田？他是怎样种这一分试验田的？他种这分试验田产了多少粮食？这一结果说明了什么？"

三、疑问型

疑问是指由教师设置疑点，提出问题，使学生觉得难解，于是去认真推敲问题，提出观点引用事例，组织答案。由于教学过程受诸多因素制约，学生的学习会留下疑点。每一节课留一点时间让同学们及时把问题提出来，教师进行有针对性地释疑，能使所传授的知识更为完善。回答疑问，可根据问题是否带有普遍性，考虑个别或当众作答。倘若学生的提问是你认为讲授清楚，或很简单的问题，也不要粗暴地拒绝回答，要造成一种亲切和谐的气氛，使学生有疑敢问。

四、互问型

互问型提问是指由学生提出问题、回答问题。互问是一种你来考考我、我来考考你的教学活动。有经验的教师常采用互问、互考激励学生的兴趣，调动学习积极性，收到良好的效果。互问可在局部也可在全班进行。要框定问题的范围，注意引导学生围绕教学重点去互问互答，切忌偏离教学重点，内容讲题外话。出现"卡壳"时，教师要及时做好"穿针引线"的工作，使互问顺利进行下去。

五、顺问型

顺问型提问是指教师按照教材先后、逻辑关系或学生认识事物的一般顺序，进行提问。

例如：

王老师在讲《粜米》一文时，为了让学生认识作者紧紧围绕中心选择写作材料的方法，采用了顺着学生的思路在教材的点睛之处这样提问："为什么多收了三五斗，农民反而得不到好处？"帮助学生认识到旧中国的农民，受着封建地主、资本家和帝国主义三座大山的压榨和剥削，即使遇到好年景，也逃脱不了悲惨的命运，进而体会到作者选择写作材料，是紧紧围绕老师表达的中心的。

顺问的特点是与教材的逻辑顺序合拍，顺应学生认识问题的一般规律，但它不能够形成奇峰突起的气势，激起学生思维活动的波澜，它比较适合逻辑性较强的教材内容。

六、曲问型

曲问型提问是指教师不直接提出问题，而是先拐上一两个弯子，绕道迂回，即问在此而意在彼。用这种提问方法提问，使学生明确课题的具体目的和意义，学生的学习动机便由潜伏状态进入活动状态。

例如：

王老师在三角形全等判定定理的引入提问。老师："一块三角形状的玻璃，被折断成两块，要配一块同样大小的玻璃，要不要将两块都带去？如果只允许带一块，那么应该带哪一块？为什么？"由此引入三角形全等判定定理。

七、比较型

比较型提问是指教师在所提的问题中，综合讲一些可供比较的内容，进行比较性提问，去引发学生在比较中推出恰当的结论。

例如：

老师在《泊船瓜州》一诗，为了帮助学学认安石精心选词炼字的好处，高老师提出比较性问题："要把江南冬去春来的情景表达得学生动形象，是用'春风又绿江南岸'好，还是用'春风又过江南岸'好？"这样在问题中引进一个与原诗大意相近的句子，就为学生提供了一个进行比较的条

第二章 教师课堂提问的技巧

件，学生对"绿"与"过"加以比较认识，便能体会出王安石精心选词炼字的绝妙。老师比较提问的特点是提问时，为要求学生理解的对象提供可作比较的事物，它能够打开老师学生的思路，帮助学生在比较异同的同时，认识事物，理解问题。比较型提问适合气氛不够活跃的课堂情境。

八、急问型

急问型提问是指教师比较急促地发出一连串问题，促使学生争先恐后地抢答。

例如：

《称象》一课先阅读课文，为了检查学生自读课文的效果，黄老师急促地发出下面一组问题：①课文中说谁很高兴，为什么？②是怎样一头象，谁一边看一边议论？③曹操提了一个什么问题？④官员们想了什么办法？⑤曹操儿子叫什么？他想出什么办法称象的重量？⑥学习这篇课文你有什么体会？因学生老师做了充分的准备，对课文内容比较熟悉，因此在课堂上容易呈现出一种踊跃抢答、热烈兴奋的气氛。

急问的特点是教师发问的较急，问题与问题之间提出的间隙时间较短，它能够创设热烈的课堂气氛，节省教学时间，训练学生的敏捷、灵活的思维品质，但容易形成假象，学生匆忙应答而忽视思维，它比较适合浅显的教材内容和准备充分的学生。

九、平问型

平问型提问是指教师平心静气地提出问题，引导学生思考。

例如：

教学《种子的力量》一文时，为了启发学生结合自己生活思考，在总结课文时，老师可以心平气和地这样提问："我们平时常见的植物种子发芽不觉得特别，可在作者笔下却给人以新鲜的感觉和深刻的启示，原因究竟在哪里？"这个问题并不催促学生立即回答，学生有时间去回忆、比较，从而受到启发。

平问的特点是老师师提出问题的语气比较舒缓，要求学生作答的时间

也不匆忙，这种提问适合教学难度较大需要认真思考的问题。

十、开拓型

开拓型提问可用于训练学生运用学到的基础知识及原理进行创造性的思维思考。具体可分为三种类型。

第一，方法性提问。目的在于引导学生回顾获得知识的学习过程，教会他们总结和运用科学的思维方法，提高探取新知识的效率。

第二，规律性提问。目的是启发学生将所学知识加以比较整理归类，学会发现知识规律。

第三，创造性提问。目的是培养学生创造性的思维能力，它的主要目标是发展学生的想像力。

第四节　关节点提问

没有成功的提问就没有教学的艺术。精彩的提问可以使教师的课堂教学有声有色。因此，在课堂教学的提问中，教师要善于抓住关节点提问。

一、兴趣点提问

所谓兴趣点，就是能够激发学生学习兴趣，促进学生思考理解的知识点。抓住兴趣点提问，可以激发学生的求知欲望，发挥非智力因素对教学的促进作用。

例如，刘老师在讲《识别美丑》这一课时设计了这样的提问：

（上课）

学生："起立！"

老师："请坐下"。（老师学生都做好了学习准备，开始教学）
老师首先挂出一张色彩鲜艳、黑白分明的熊猫图，老师指着图一边指导学生观察，一边描述："这是上海杂技团的大熊猫伟伟，它会玩球、骑车，还会吃西餐……

同学们看了会有什么感觉？"

学生："啊！真美，真可爱！"

接着老师又老师出一张图，一个小笼子，里面装着一只小灰鼠，绿豆眼，尖尖嘴……

老师："你说它看吗？"

学生："不好看，太丑了。耗子不只长得不好看，它还偷吃我们的粮食，咬我们的衣服，它是一个坏蛋。所以人们常说：'老鼠过街，人人喊打。'"

老师："同学们，熊猫和耗子是两种不同的动物，给我们感受是什么？"

学生："一个是美，一个是丑。"

老师："在我们的学生活中，有各种不同事物，都会给我们不同的感受。那么，如何看待这些动物呢？这就是本节课要讲的内容。"

板书第十课，第三节《识别美丑》。（从学生熟悉的事物用两张彩色挂图作对比引出课题，使抽象的课题，变得具体了。）

老师："如何看待美和丑。"（板书）

学生："好的，好看的，就是美的。坏的，难看的，就是丑的！"

老师："我们先说对美的看法。我们在上学期讲过《热爱祖国老师一课，讲到祖国的锦绣河山千姿百态，景色动人。哪位同学把这景色描绘一下？"

学生："飞流直下的庐山瀑布，白云环绕的黄山奇景，壮观的泰山日出，都是祖国山河优美的自然景色。"

老师："还有呢？"

学生："天下闻名的桂林山水。"

老师："'桂林山水甲天下'，还有呢？"

学生："杭州的西湖，苏州的园林，都是很美的。"

老师："对，老师不是常说'上有天堂，下有苏杭'么？这些地方同学们都去过吗？"

学生："没有！"

老师："将来有机会，咱们一块儿去旅游，饱览祖国的山水之美。这些美景，我们称作大自然的美。"

板书：自然美。

这里老师用学老师已有的知识，启发诱导，进而使其获得新的知识。老师："大自然的美，我国古代的诗人们有很多描述，留给我们很多脍炙人口的佳句。比如老师就曾描写过庐山瀑布的美，同学们知道吗？"

学生齐诵："飞流直下三千尺，疑是银河落九天。"

老师："我们读了这诗，就好像置身庐山美景之中了。眼望飞瀑，会使我们油然而生对祖国山河的热爱，激励我们去建设可爱的祖国。"

这里老师让学生朗读脍炙人口的诗歌，也是进行美的教育。老师就这样抓住了兴趣点，从自然美引导学生认识文学美、仪表美、行为美，逐步引导到心灵美，由浅入深，由表及里，井然有序。

又如，马老师在教授《药》一课时，在交待了写作背景后老师就可提问：课文的题目为什么用一个"药"字？有什么寓意？《药》这篇课文有明、暗两条线索，明线写的是什么？暗线写的是什么？瑜儿坟上凭空添了一个"花环"，作者的用意何在？然后让老师学生带着问题自读课文。

马老师这样设计的提问，既能有效地激发学生的学习兴趣，又能交给他们一些学习方法。老师详细讲析，学生经过阅读和思考，就能理解课文的艺术结构，领会其内容，阅读能力也就自然得到提高。

二、抓住疑难点提问

抓住疑难点提问是指教师在课堂教学中，抓住知识的难点和学生的疑点设计的提问。这样的提问，既可化难为易，又可打开学生思路。

例如：

马老师在讲授老师《祝福》一课时，对祥林嫂所受迫害的社会根源感到为难，为此，就告诉大家，评述下列问题，让大家议论。在叙述故事的过程中可以加入自己的理解与体会，引述故事也较灵活，可以是综合性的，也可以是举例性的。然后，提出三个问题让大家思考：①祥林嫂本来

是一个什么样的人，在她的性格中有哪些悲剧性？②祥林嫂一生中受到了哪些迫害和打击？这迫害与打击的根源是什么？它使祥林嫂发生了怎样的变化？③谁是杀害祥林嫂的凶手？

马老师的这些提问，就是"思路开导"，使学生对祥林嫂的生平遭遇以及谁是杀害她的凶手有了进一步的理解，从而解决了不知从何评述之难。

三、抓住发散点提问

抓住发散点提问是指教师在教学中要充分发掘教材因素，抓住教材中最能引起发散思维的发散点设问，进行发散思维训练。这对引导学生深入理解课文内容，培养学生的创造能力，有着重要的作用。

例如：

宋老师在教授《项链》一课时，为了加深学生对课文的理解，提出了这样一个问题："除了课文的这种结尾法外，你能想到另外比这更好的结尾法吗？你设想的这种结尾法和课文的结尾法相比哪种方法好？为什么？"经过这样一问，学生的思维闸门打开了。宋老师设想了好几种结尾法，经过反复讨论比较，同学们明白了课文的情节到最后作者来这样一个意外的结尾，叫人感到惊奇：遗失了假项链，赔偿了真项链。"谜底"不在小说中间揭晓，而是借佛来思节夫人在结尾处的几句话来点明："唉！我可怜的玛蒂尔德！可是我那一挂是假的，只值五百法郎！……"

这样既有余味可寻，又升华了主题，使读者从结尾处回溯全文。这种结束之妙，远非其他任何结束之法可以相比。

四、抓住关键点提问

抓住关键点提问是指教师在课堂教学中，对全篇课文的理解有着重要作用的地方，或学生不易理解的某些关键字句章节设计的提问。抓住这些内容提问，往往可以牵一发而动全身，对理解课文、体会感情，有事半功倍的效果。

例如：

欧阳老师针对《养花》最后一段这样提问：作者说有喜有忧，有笑有泪……这就是养花的乐趣。为什么说"忧"和"泪"也是乐趣呢？欧阳老师设计这样的提问，可以引导学生联系全文，理解作者所说乐趣的博大内涵——赏心悦目是乐趣，多得知识是乐趣，付出辛劳是乐趣，分享成果是乐趣，当然，为心爱的东西奉献真情也是乐趣。

五、抓住矛盾点提问

抓住矛盾点提老师是指教师在课堂教学中，抓住一对矛盾或抓住一个现象来提问，使讨论的中心向新课方向逼近。

例如：

黄老师讲自然《浸润和不浸润》一课时是这样提问的。教师问："鸡和鸭都是家禽，但鸡怕水，而鸭为什么不怕水呢？"学生围绕这个问题展开讨论，教师在这期间引导学生做一个白纸板和油纸板上分别滴一滴水的小实验，以打开思路促使讨论进一步深入，从而引发出浸润和不浸润的问题。

在课堂教学中，教师应注意，矛盾提问有时可以穿插一点小实验来打开学生思路，使讨论向纵深方向发展。由于讨论目的鲜明，学生思维比较活跃，同时也为能及时抓住学生的实际认知状况提供了机会，这就有效地保证对新内容的教学更具针对性。

六、抓住变化点提问

抓住变化点提问是指教师在课堂教学中，根据内容的变化设计的提问。

例如：

《草原》一文中写到作者看到的草原美景和他的情感。但同样是面对草原，先是想"高歌一曲"，后来却想"低吟一首"。对这种明显的情感变化，讲课时可提这样一个问题：把"高歌"和"低吟"两个抒情的句子前后交换一个位置是否可以？这样提问，使学生把景、情和表达情感的方式紧紧融合在一起来考虑，得出这样的结果：

景色的整体——开阔——豪放——高歌

景色的细部——柔美——沉醉——低吟

这样不但很深刻地理解了课文，体会了作者的思想感情，而且培养了学生用整体的、联系的观点思考问题的能力。

七、抓住细节点提问

文章的细节，像藏在绿叶丛中的花朵，拨开绿叶，显露花朵，色彩纷呈，别开生面。因而，教师抓住细节点提问，不仅可提高学生的学习兴趣，而且能细化学生的知识结构体系。

例如：

《别了，我爱的中国》一课，在写了作者看到帝国主义的军舰后，又写"两岸是黄土和青草……"。"两岸"二字平平常常，深藏于字里行间。但就是这两个字，揭示了一个惊人的事实：帝国主义的军舰已经深入到我们祖国的内河江流之中了——因为只有在江河内，才能看到"两岸"。试想，这样的提问难道不是更深刻地揭示了文章的内容吗？

八、抓住聚合点提问

抓住聚合点提问是指教师在课堂教学中，抓住集中反映课文中心思想或者是大家关心的热点问题，围绕聚合点而设计的提问。教师可以抓住一点，提挈全文，保证教学的整体性。

例如：

张老师在讲《社会发展简史》中《社会主义制度的不断完善和发展》一课时，首先就热点问题设疑："社会主义既然是世界上最先进的社会制度，而且有着无比的优越性，那为什么第一个社会主义国家苏联会解体呢？苏联、东欧的剧变还能不能说明'资本主义必然灭亡，社会主义必然胜利'这一历史发展的规律？"老师问题一提出，立即引起学生浓厚的兴趣并展开了热烈讨论。老师在学生争论不休之时，用学生所了解的中国革命发展过程给以点拨并及时引入新课，同时指导学生阅读教材，在阅读中再引导学生。这样，使学生初步明确了社会主义是新生事物，具有强大的生

命力和很大的发展前途，中国走社会主义道路是历史的选择和必然；社会主义在其发展过程中会有迂回和曲折，但这是前进中的曲折，社会主义和其他事物一样，也需要不断地得到补充、发展和完善。

这种结合实际，利用热门话题提问导入新课的方法，不仅调动了学生学习的热情，活跃了课堂气氛，而且使学生领会到深刻的知识。

九、抓住模糊点提问

由于学生欣赏能力的限制，他们对课文内容的理解往往带有片面性。在课堂教学中，教师根据反馈信息准确地捕捉学生认识上的模糊点，提问引思，可以有效地引导学生正确理解课文内容。

例如：

何老师讲授古诗《陌上桑》时，在如何理解"东方千余骑，夫婿居上头。何以识夫婿？白马从骊驹。青丝系马尾，黄金络马头；腰中鹿卢剑，可值千万余。十五府小吏，二十朝大夫，三十侍中郎，四十专城居。为人洁白皙，鬑鬑颇有须。盈盈公府步，冉冉府中趋。坐中数千人，皆言夫婿殊。"这段诗时，有不少同学认为：罗敷真的有这样一位地位显赫的夫婿吗？如果真是这样，她会出来采桑吗？以此关键问题进行提问，引导学生联系全诗的内容深入讨论，从而明白了这一段诗全是诗人的虚构。作者以大胆而随心所欲的夸张，借大官压小官，以威气斗邪气，不仅充分展示了罗敷的雄辩善言和不可抗衡的气势，而且使君处于小巫见大巫、无处自容的境地。

何老师通过这样的提问引导，既澄清了学生的模糊认识，又提高了思维能力。

十、抓住"空白"点提问

空白点是指在教材中，对某些内容故意不写，或写得很简略，在叙述描写上留有余地，制造"空白"。这些"空白"为学生提供了想象的空间和思考的余地。教师在教学时如能抓住"空白"点，巧妙地设问就能使学生借助教材中写到的内容来推测构想没有写到或写得简略的内容，把"空

白"补充出来，加深理解。

例如：

《捞铁牛》一课讲的是，宋朝怀丙和尚利用水的浮力捞回沉在黄河里的八只大铁牛的故事。文中只详细介绍了捞第一只铁牛的准备工作和打捞办法，然后用"和尚用的同样办法把一只只大铁牛都拖了回来。"一句话概括了捞回其余七只大铁牛的过程。究竟是怎样打捞的呢？课文没有具体地写，因此，剩下的七只铁牛的打捞过程就成了课文的"空白"。在学生初读课文，了解大意的基础上，可以这样设问：下一只铁牛让你来捞，你将怎样指挥水手们打捞？与怀丙捞第一只铁牛相比，应该注意哪些问题？学生通过阅读讨论之后，再提供给学生玻璃缸、沙子、石子、木棒、木盆、细绳、小匙等实验材料，让学生依据课文内容，分组进行模拟实验。在实验中，要求他们边演示边讲解，再让学生把捞回第二只铁牛的经过续写出来。

这样抓住"空白"点提问，让学生展开阅读思考、讨论、演示、讲解、写作等多种活动，就能激发学生的兴趣，培养学生的能力。

俗话说："提出问题是解决问题的一半。"培养学生的创造性思维，重要的一环就是培养学生自己提问题的能力。牛顿如果提不出苹果为什么下落的问题，就不会去发现万有引力定律；瓦特如果提不出开水壶盖为什么跳动的问题，就不会发明蒸汽机。所以有经验的教师，都十分讲究"提问"艺术，总是想方设法投石激浪，通过提问启开学生思维的闸门，让其自己提问题，讨论问题，解决问题，积极主动地参与学习。提问可以说是"发动机"或"催化剂"。

第二章　教师课堂提问的技巧

第五节　方法类型提问

　　课堂提问是教师教学最重要的手段之一，也是教学过程中必备的环节。它不但可以用来组织教学，反馈教学信息，而且对培养学生的思维能力、创造精神大有益处。因此课堂提问的重要性是不言而喻的。但如何才能使所提问题学生乐于思考、积极回答呢？下面介绍几种提问的方法。

一、次序法

　　次序法是指教师根据教材的逻辑顺序，依次提出一系列的问题，语文课一般是按事件的发生发展，人物出现的次序，论点论据提出的先后来提问。

　　例如：

　　小学语文第七册《李时珍》这一课，李老师根据课文中人物思想发展的过程设计了以下提问：①李时珍是怎样一个人？为什么称他是一位伟大的医学家和药物家？课文中介绍了哪些具体事例？②那个时候，行医既然是受人鄙视的行业，为什么李时珍要立志行医？"立志"表现在哪里？③李时珍为什么要重新编写一部比较完善的药物书？《本草纲目》是一本什么书？李时珍是怎么编出来的？⑤李时珍为什么能编写出这样一部伟大的著作，流传世界？⑥全文可分几段？各段大意是什么？

　　次序法提问表现在数学应用题教学中，一般是先根据题中两个条件，或结合可求得一个或两个中间问题，启发学生提出恰当的问题，构成一个

简单应用题，然后再逐步解答，或由问题逆推所需条件，一步一步推到已知为止。这是在应用题教学中引导学生分析数量关系、探求解题途径常用的综合法及分析法。

二、铺垫法

铺垫法是指教师在讲新课之前设计一些准备性题目，铺路搭桥，有利于掌握系统知识，减少难度。

例如：

张老师在讲授异分母加减时，先出示准备题，通分，学生将三个分数通分以后，设计了提问：①通分以后这几个分数的分数单位有什么变化？②要将分数单位不同的分数化成分数单位相同的分数，怎么办？张老师这一提问，为学生主动寻求异分母分数加减法的计算方法提示了具体的思考方法，做好思维方面的铺垫，从而降低了难度。

三、核心法

核心法是教师在课堂教学中为了突出教材重点内容而设计的提问，目的在于解决教学中的主要矛盾。它的作用是扣住教材内容中心，明确学习重点。学生根据这个重点，找到课文中的关键词语、句子或段落，加深理解，牢固掌握。这种提问，一般先是提出导向性问题，通过一问一答，从而引出第二步——核心性提问。核心性提问一般一至两个。第三步是补充性提问，目的是为了更深刻地理解核心性提问的内容。如果通过恰当的核心性提问，学生能准确抓住重点，那么课堂上就不必再用补充性提问了。

例如：

刘老师在教《一张珍贵的照片》时，抓住关键性的词语，巧布"疑问阵"，熟练地运用核心法。刘教师问："周总理来到小桂花家，小桂花的爹为什么要用'袖子'抹凳子？"学生思考片刻，纷纷举手，跃跃欲试。有的说："因为他一时找不到抹布。"也有的说："小桂花的爹知道来的是总理，太激动，太高兴了！没想到袖子不袖子，只是想尽快擦干净，好让总理坐下歇息。"有的还能说出小桂花爹的行为，完全是一片真诚，表现出农民

对总理的爱戴和崇敬。这时老师对学生的回答进行了归纳，但他并未因此止步，进而拿出一个"又"字让学生分析讨论："小桂花的爹……用袖子把一条长凳'抹了又抹'，这句中的'又'能不能去掉？""不能"。"为什么不能？"这一个"为什么"把讨论引向了深处，课堂气氛更为活跃。学生的发言是："去掉'又'字，意思全变了。'抹了抹'可以说是漫不经心，随随便便地擦一下，哪能擦干净！""有了'又'字，能表现小桂花的爹仔细地擦了一遍又一遍，把凳子擦得干干净净。"最后，教师饶有风趣地说："同学们说得对，不能小看一个字嘛，一字值千金！"

四、对比法

对比法提问，是指将相互联系或容易混淆的概念加以对比而排定的提问，旨在使学生认识事物的相同点和不同点。

例如：

老师把《一件珍贵的衬衫》和《老山界》这两篇记叙文放在一起比较，就会发现这样的问题：在《一件珍贵的衬衫》中，记叙的六个因素——时间、地点、人物、事件的起因、经过和结果——样样俱全，交待得清清楚楚。而《老山界》只交待了地点、人物、事因、经过、结果五个要素。至于时间，只写了是某一天的下午和次日的大半天，到底是哪年、哪月、哪日，则未具体说明。这是为什么？这样一比较，问题就提出来了。

经过思考就会明白：记叙的六要素，原则上是记叙文必备的，但也是从实际出发的。某些要素如果是读者熟知的，不交待也绝不会引起误解，也可省略。正因为长征是大家熟悉的事情，不说出具体的年月读者也会知道，因此《老山界》省略了年月的交待。

又如讲"余幼时即嗜学"一句，把句中的"嗜学"改为"好学"行不行？"嗜学"二字在全文中有什么作用？这两个问题不是立即可以回答的，而是要认真阅读课文并进行思考才能回答。因此学生钻研课文的热情就高。他们反复阅读，反复推敲，反复比较，终于领悟到课文之所以用"嗜学"一词的精妙之处，他们认为"嗜学"虽然也是"好学"的意思，但"嗜"的意义更强烈，是特别爱好，爱好成癖。

因此，进行启发式教学，实现教与学"双向交流"，进行对比十分重要，可以取得更佳效果。

五、引导法

知识在于积累。学生有了一定知识基础，又有探索新知的欲望，教师要善于引导学生"温故知新"，联系已学过的知识，引导学生到知识的海洋中遨游，加深对新知识的理解。教师还可针对学生易犯的错误，设计错例，进行分析讲评，借此学生议。由于学生对这道题出现的奇怪现象迫切想知道应该怎样解决，意力特别集中，"吃一堑，长一智"，这样引入后，学生对概念及其重要性终生难忘，以后碰到这类问题再不敢马虎了。

六、点睛法

点睛法是指教师根据课文的中心句即作者的点睛之笔设问。心句，就是文章内容的总括，或是文章中老师的揭示，它是作者点睛之笔。因此，根据课文中心句设问，不至离题太远。

例如：

秦老师在讲授《桂林山水》一课时，围绕中心句"桂林山水甲天下"，设计了这样的问题：①"桂林山水甲天下"这句话是什么意思？从这句话可以知道这篇文章写什么？②为什么说桂林山水"甲天下"？这里的山和水各有什么特色？通过这几个问题的学习，学生能够准确把握桂林山水独特的美，深刻体会出字里行间所包含的思想感情，激发学生对祖国河山的热爱之情。

七、寻究法

寻究法是指教师根据事情的结果，对事情的原因、经过进行寻究性设问，这样的提问有利于激发学生的兴趣。

例如：

张老师在讲应用题时设计了这样的提问：光华服装厂计划四月份做西

服 1500 套，前 5 天平均每天完成 120 套，余下的平均每天应做多少套，才能按时完成任务？

老师："要求余下平均每天应做多少套，必须先求什么？"

学生："先求还剩下要做的有多少套和剩的天数。"

老师："要求还剩下要做的套数，又须先求什么？"

学生："先要求已经做的套数。"

老师："已经做的套数怎样求？"

学生："把前 5 天平均每天做的套数乘上已经做的天数。"

老师："剩下天数怎样求？"

学生："总天数减去做了的天数。"

探究式提问在复合应用题教学中老师被普遍采用，尤为重要，它是从题中所求的问题出发，在教师的稍加暗示下，主要由学生自己根据题意，逐步探求，从而达到解答应用题的目的。逆向启发式提问，对学生在思维上的要求更高，对发展学生的思维，培养他们独立的解题能力起着十分重要的作用。

八、破题法

破题法老师指教师根据题目设计提问。题目是文章的眼睛，它或是记叙的主要内容，或是描写的主要对象，或是表达的中心思想，或是贯穿全文的线索。因此，根据题目老师发问，能达到以问促读的目的。

例如：

杨老师在教《小音乐家杨科》一文时，根据题目设以下问题：①什么样的人才能被称为"音乐家"？②杨科为什么被称为"小音乐家"？从课文的哪些地方可以看得出来？③杨科的老师运是怎样的？为什么他会是这样的命运？

教学中解决了这三个问题，也就达到了这篇课文的教学目的。

九、综合法

综合法就是抓住重点词句设问。重点词句是理解文章内容、体会文章

思想感情的"窗口"。教师若能准确抓住重点词句,并进行适当的归纳综合,设计问题,必能引导学生透彻理解课文内容,体会文章表达的思想感情,使"文"与"道"的教学融为一体。

例如:

吕老师在讲授《我的叔叔于勒》时,不按顺序提问:为什么于勒本来是全家的"恐怖",后来却成为全家唯一希望?他到美洲先写了怎样的一封信?第二封信又说些什么?等等,而是采用综合提问:于勒耗尽了家产,是个花花公子,为什么若瑟夫会对他流露出深切的同情……

学生要得到正确的结论,就必须在掌握全文思想内容的基础上,对比于勒前后的不同,分析他给菲力浦两封信所表达的思想。老师透过于勒在船上当水手时的服装、神情、动作以及他的那只手,看到他思想发生的变化,从而认识莫泊桑谴责的那个资本主义社会。在讨论这个问题的过程中,需要判断、推理、分析、综合,需要速读和"因文解道,因道悟文"的阅读本领。

吕老师设计的这些提问不仅能使学生的思维能力受到多方面锻炼,并能提高学生的自学能力。

十、连环法

连环法是指教师为了达到教学目的而精心设计的一系列环环相扣的问题。这几个问题形成一个整体,几个问题解决了,整个问题就解决了。

例如:

在讲授契诃夫的著名小说《变色龙》时,赵老师设计了一些环环相扣的问题引导学生思考、回答。第一个问题:根据课文的叙述,你认为课文主人公警官奥楚蔑洛夫的基本性格是什么?在学生准确地回答是"善变"后,提出了第二个问题:从课文中你们知道他"变"的主要特点是什么?怎样表现出来?……

学生讨论回答:一是变得快(顷刻间他对狗的态度"变"5次),二是变得蠢(他"变"的理由是愚蠢的,逻辑是荒谬的)。

接着可提出第三个问题:由此我们知道奥楚蔑洛夫是"变色龙"式的

走狗，"变色龙"的色虽然变来变去，骨子里却隐藏着一个不变的性格内核，你们知道他这个性格内核是什么吗?

学生通过分析课文得出结论：奥楚蔑洛夫狗仗人势、媚上压下、玩忽法律的奴才本性始终没有变。

第三章　教师教学设计的技能

古人说："凡事预则立，不预则废。"强调无论做什么事都要预先谋划，事前设计。现代教学尤其注重设计，科学的教学设计，既是体现教育目的性、计划性、针对性和预习性所必需，又是顺利实施教学方案、调控教学过程的前提，也是确保教学效果、提高教学质量的保证。

现在的课堂更加关注学生主体性的发挥，关注现代教育技术的运用，只靠一支粉笔、一张嘴、一本教材的课堂现象已不多见，这给有丰富经验的教师也带来了新挑战，无论是青年教师还是老教师都需要更新教育观念、提高教学技能，通过教学设计则可以实现新理论、新方法的有效运用。由此可见，学习和运用教学设计的原理与技术，可促使教学工作的科学化，也为师资队伍的培养提供了一条有效的途径。

在利用教学设计优化学习的过程中，设计人员一方面要善于发现教学中的问题，用科学的方法分析问题，谋求解决的方案，另一方面需要在设计、试行过程不断地反思解决方案，在这个过程中科学思维习惯得以有效的培养，发现、解决教学问题的能力也会逐渐提高。此外，这种解决问题的方法、技术和思维方式具有很强的迁移性，可用于其他相似的问题情境和实际问题。因此，教学设计所带来的不仅仅是教学设计的基本原理和必要的知识，更重要的是设计人员从中领会到的解决问题的思维方式和科学态度，他将从中学会创造性地解决问题的原理和方法。

因此，教学设计是一门将教育技术理论和思想方法运用于教学实践中的新学问，它有利于现代教育技术应用的不断深化，同时也使教育技术理论在总结实践经验的基础上得到升华与完善，从而促进教育技术的深入发展。

教学设计有利于教学理论与教学实践的结合。被称为"桥梁学科"的教学设计学起到了沟通教学理论与教学实践的作用。通过教学设计，不仅可以把已有的教学理论和研究成果运用于实际教学中，指导教学工作的进行；而且还可以将教师的教学经验升华为教学科学，充实和完善教学理论，这样就把教学理论与教学实践紧密地结合起来。

第一节　制订教学目标要有的放矢

　　教师如何确定教学目标呢？首要的任务就是分析，分析教材和学生的实际情况。不同的教学对象，不同的教材内容，而教学的目的任务也不同。这就要教师能吃透教材，熟悉自己的教学对象，才能确定自己的教学目的。

　　比如，翦伯赞的《内蒙访古》，旧教材安排在高三第二单元。这个单元的重点是要求学生掌握夹叙夹议的方法，这就可以作为教师的教学目标。而新教材则把概括要点，提取精要作为教学目标了。

　　当然，一篇课文的教学目标也不只一种，有知识目标、能力目标、思想目标之分。我们还以翦伯赞的《内蒙访古》为例，教师在教授《内蒙访古》一课时，将能力目标确定为掌握夹叙夹议的记叙方法，知识目标确定为把丰富的历史知识和旅游中的所见所闻自然地融为一体，而思想目标是领会全文洋溢着的爱国主义精神和珍视民族团结的感情。教师在实施教学活动之前，首先要确定好以哪一个目标作为重点，能力目标还是知识目标？抑或是思想目标？都应该明确，因为目标重点的不同，直接影响到教学过程的设计安排老师要保证课堂教学目标的实施，一方面需要广大教师根据课程标准的要求，在充分了解学生实际情况的基础上，发挥集体备课的优势，精心设计出学生应该达到的目标体系，这个目标体系，以学期为时间单位，以一册教材为内容单位。教学目标要细化到每个单元、每节课，它既包含知识与能力，也包含过程与方法、情感态度与价值观，每个

学校可以根据各自的实际情况，在教研组集体备课的过程中，制订出适宜于本学校、本学科的教学目标，在统一的教学目标的基础上，教师也可以根据自己的教学特长以及学生的情况，将教学目标更加细化，为教学目标的落实打下基础，在制订学期教学目标的过程中，要防止不顾学生情况的"闭门造车"现象，也要防止片面强调教学个性而由教师随意制订教学目标的"各自为政"的倾向。

下面的这个案例是一个结合实际并带有探究意义而进行设置教学目标的教学设计片段。

教学目标：让学生通过统计塑料袋的个数的活动，经历数据的收集、整理、描述和分析的过程，加深对不同统计量的理解，并且在活动中综合应用所学的知识和技能。

教学过程梗概：

教师：请小 A 上来把全班同学统计的数据填在这张表格里（前一周已留家庭作业），每个学生统计自己家庭一周内丢弃的塑料袋个数，教师也给出自己家庭的统计数据。

教师：哪一位同学能根据这组数据，描述一下我们班同学的家庭在一周内丢弃的塑料袋情况？

小 B：我们班同学的家庭一周内共丢弃的塑料袋总数是 17 个。

教师：很好，他们用不同的计算方法得到的结果是一样的。其他同学有不同的想法吗？（适时引导学生表述自己对问题的理解，而且不急于评价不同做法的优劣，这有利于学生主动表达自己的看法。事实上，学生自己会给出评价）

教师：有人能解释这个结论的意思吗？

小 A：应当是平均每个家庭大约丢弃 17 个塑料袋。

小 E：还有，这组数的中位数是 17，众数是 18。

教师：大家同意吗？（及时引导学生思考）

小 C：应当是的。因为 17 和 18 都出现了 14 次。

教师：很好。只要是出现次数最多的数，就是众数。那众数是 17 和 18 又表示什么意思呢？

小 E：我们班大多同学家庭一周丢弃的塑料袋是 17 个或 18 个。（停顿片刻）好像不是大多数，是……

教师：小 E 现在遇到障碍了，他拿不定主意是不是大多数。谁来帮帮他？

小 A：好像是大多数。实际上一共有 28 个家庭丢弃 17 个或 18 个塑料袋，已经超过半数了。

教师：如果丢弃 17 个和 18 个塑料袋的家庭都是 12 个呢？还是大多数吗？

小 A：好像不是大多数了，不到一半，但还是最多的。应该是丢弃 17 个或 18 个塑料袋的家庭最多。

教师：很好。那中位数是 17，又是什么意思？

小 G：就是按照丢弃塑料袋个数多少来把每一个同学的家庭排队，排在中间的学生家庭丢弃了 17 个。

教师：它和平均数相同吗？（让学生再一次感受不同统计量的差异）如果有人问我们班一个同学的家庭通常丢弃多少个塑料袋，你们说答案是什么？（强调用不同统计量表示同一个问题的不同方面）

学生议论……

这个案例从学生的学生活实际出发来进行教学，使教学密切联系学生的经验，引导学生把所学数学知识应用到现实中去，以体会数学在现实学生活中的应用价值，让学生在学习中能感受到学习过程是自己的成长过程。

对于制订学习目标，教师可以从如下几方面着手：

一、让学生自己制订学习目标

现代教学已经开始将教学目标转化为学生的学习目标。学习目标，是教师根据教学目标而制订的、让学生通过学习达到的结果或发生的变化。在过去，教学目的只有教师自己知道，教学、评估等主动权都操持在教师的手中，现在的教学目标制订出来后，也不能只有教师知道，如果教学目标只停留在教师的备课本上，只有教师知道学生应该达到的要求，而学生

本身处于盲目的状态，学生就不能够知道自己应该通过学习达到什么样的要求，就无法进行自主的学习和发展，将教学目标转化为学生的目标，让学生切切实实明确自己应该达到什么目标，学生才会掌握自己学习和发展的主动性，教师应该给学生讲学习目标的重要作用，对学生进行指导、跟踪调查访谈，进行个案指导，督促学生学会利用学习目标检查评估自己的学习状况，使他真正步入自主学习的轨道。我们来看看下面这个案例：

一位语文教师在进行鲁迅的《一件小事》教学时，让学生自读课文，提问题，定目标。在学生提出几十个问题中，教师发现"教材中的'我'是不是一个自私自利的剥削者？这一问题很有价值，于是让学生围绕这个问题再读课文，从课文中找论据，写发言稿，进行辩论，最后又让学生以《漫谈＜一件小事＞中的"我"》为题整理发言稿写篇文章，这样，教师不再讲读课文就结束了讲课。整个过程完全是以学生为主体，学生积极主动，辩论激烈，最后写的文章大都很有质量，教学效果特别好。学生一开始可能不会制订学习目标，但教师可以帮助学生制订。学生学会制订学习目标，其学习能力就会大大提高，这时，"教是为了不需要教"的教学理想境界就容易实现了。

二、编写与展示教学目标

在教学目标的编写上，一般要求目标的表述应力求具体、明确、可以观察和测量，对学生"完成学习任务后能够做什么"有一个清晰的描述。学习目标的描述要可评价，便于教师和学生在教学过程中了解是否已达到目标，以便及时调整教学学习，但在实际教学中有很多教师常常用一些很笼统的、模糊的术语表述具体的知识、能力和情感学习目标，特别是在学习目标的表述上，这种问题更为突出。在知识目标的描述上，一些教师常常用"学习……"，"掌握……"等行为术语描述具体的学习目标，如："学习新单词 moon，star，sun，earth……扩充学生词汇量，为自主学习和阅读奠定基础"；在技能的描述方面，常常用"培养学生的……能力"、"学生能灵活运用……"等术语描述具体的技能目标，如："培养学生口语表达能力"等；在情感目标的描述上，最常用的描述方法是"培养学生

……的兴趣和积极性"等。由于任何知识与技能的学习都存在一定的层次性，因此，在不同的课时里，对知识和技能的学习的目标要求应有所不同。上述目标描述使教师无法确定在一堂课里学生的知识和技能应该达到什么样的水平，是理解、模仿还是简单运用或是综合运用？怎样才能知道学生对当前的学习主题表现出了兴趣和积极性？无论是认知类、技能类或情感态度类学习都有一定的层次性，在每一单元、每一课时的学习里，要达到的学习目标层次应有所不同，相应的教学活动的设计、教学的重点也不一样。笼统的、模糊的目标描述容易造成教师课堂教学活动设计偏离学习目标，课堂教学重点不明确，也会使课堂教学评估无据可依或是脱离目标。

教学目标是师生开展课堂教学活动的依据和归宿，复习提问、讲授新课、巩固练习、反馈矫正等教学环节，都是为了落实本节课的教学目标。教学目标对学生的学习主动性具有激励功能，对学生的思维具有导向功能。因此，课堂上向学生展示教学目标是一个必不可少的重要环节，也是目标教学的特色之一。

展示教学目标要讲究方式和时间，这不仅是一种教学的艺术问题，而且它将直接影响教学效率。下面，我们以小学数学教学为例，示范应如何展示教学目标：

展示教学目标的形式：要从学生的年龄特征出发，展示教学目标，形式有三种：一是口述形式，教师用语言叙述目标；二是书面形式，教师将目标写在黑板上或教学挂纸上；三是投影形式，教师用投影仪将目标投影在银幕上。小学低年级学生年龄小，识字不多，对文字的理解能力差，展示目标的形式采用口述形式为宜，即教师用非常通俗的语言讲述教学目标的内容。中高年级具有一定的解读能力和理解能力，可采用书面形式或投影形式。

目前大多数教师对低年级学生一般都采用书面形式展示目标，或把目标写在小黑板上，或教师带学生对照书本念一遍，或教师让学生齐读一遍，等等。这样学生对目标理解不深，起不到很好的激励作用，但却占用较多的教学时间，由此分析，这种方式使目标的展示很大程度上流于形

式。因此，有必要认真研究展示目标的方式和时间。而要确定展示目标的方式和时间，就要从教材内容出发。

展示目标在时间上有三种情况：一是新授前展示；二是新授中展示；三是新授后展示。展示目标的方式也有三种：一是一次性展示；二是逐步展示；三是随讲课提纲展示。预设的课堂教学目标要不要一开始就明示给学生，这仅仅是方法技巧的问题。如魏书生常常就首先悬疑，然后发动学生，紧扣目标，集中注意力，教学环节不蔓不枝，最后瓜熟蒂落。而钱梦龙就多巧设问题情景，"一山方出一山拦"，教学中质疑问难，指指点点，便觉"无限风光在眼前"，教学目标水到渠成。总之，展示教学目标要做到灵活，应从学生对象和教材内容的实际出发，选择适当的时机、适当的方式，以便更好地发挥目标的功能，提高课堂教学效率。

教学目标在教学中如何展示，何时展示，既是一项技术也是一门艺术。如何做到适当展示目标？这要从教材内容的实际出发。

我们以数学这门课程为例来分析：

（1）对于通过一个例题或一个实验要求学生同时达到几条目标的教学，采用新授前一次性展示目标为宜，这有利于保持例题的讲解或实验操作的完整性，有利于发挥目标的激励性功能。例如：人教版第十册数学第52页例1：设计一座厂房，在平面图上用10厘米的距离表示地面上10米的距离。求图上距离和实际距离的比。通过这个例题的讲解，要求学生同时达到三条目标：①知道什么叫比例尺；②知道比例尺的通常写法；③知道求比例尺的方法。

（2）对于能够分解为几个层次，而每个层次只要求学生达到一定程度，采用在新授过程中逐步展示目标为好，这样使教学过程有条理，将问题一个一个地解决，学生的注意力更加集中。

（3）对于段落层次很明显的教学，可以采用随板书提纲展示目标，其操作表序可设计为：板书提纲——讲课——再板书提纲——讲课——总结（揭示目标）。例如：教师在新授过程中逐步板书下面的提纲：

①分数的产生；

②单位"1"的含义；

③分数的意义。

新授结束后，教师针对提纲进行总结，并在每条提纲的前面加上外显性动词，在后面加上水平层次的述语，即提纲变成了目标：

①知道分数的产生（识记）；

②懂得单位"1"的含义（理解）；

③明确分数的意义（理解）。

这种展示目标的方式，既发挥了目标的激励性、导向性、有序性和可测性的功能，又使整个新授流程畅通，条理清楚，结构严谨，把常规教学的长处与目标教学的特点有机地结合起来了。

学生的学习带有浓重的情绪色彩。数学教学中因数学知识抽象，情感因素隐蔽而容易使学生感到枯燥、单调。要克服这两个不利因素，从新知引入起，教师要善于根据学生年龄特征，把知识发生的背景，置于一幕幕使学生喜爱、令学生惊奇的情景之中，从而先声夺人，引发学生兴趣，启发学生思维。

例如，一个教师在教"求平均数应用题"时，这样来设计"引入"：

老师："同学们喜欢唱歌，谁为大家唱首歌？"（同学们兴致很高，并推选了一位同学唱歌）。

老师："这位歌手唱得怎么样？怎样来衡量她的唱歌水平？（学生："让评委来打分"）对，老师师请4个小朋友和老师一起担任评委，给这位歌手打个分数。"（4个小评委把打好的分数分别写在黑板上，老师也打了个分数）

老师："同学们，5个评委意见一致吗？按谁的意见办？"

（有些学生说："听老师的。"另一些同学说："不行，那么还要其他评委干什么？"）

老师："对，不能仅凭老师说了算。要解决这个问题，等学完'求平均数应用题'之后，大家就知道用什么办法来给这位歌手定分了。"

这里通过模拟电视上歌手大赛评委评分的情景，使学生兴致高涨，同时在老师景中揭示了"求平均数"的必要性，使学生以渴求的心理进入新课的学习。

引入新课没有固定的模式，具体应用中还要求教师根据教材特点、学生认识规律及年龄特征，精心设计，灵活运用。

三、教学目标的陈述技术

尽管每一门课程标准的具体格式目前很难统一，但是不管哪门课程，具体目标的陈述方式应该是一致的，这种陈述方式主要与陈述技术有关，而与具体的课程内容没有多大关系。一般说来，课程目标的陈述应该注意下列这些方面的技术因素。

1. 教学目标陈述的基本方式

（1）结果性目标的方式，即明确告诉人们学生的学习结果是什么，所采用的行为动词要求明确、可测量、可评价。这种方式指向可以结果化的课程目标，主要应用于"知识与技能"领域，如"能在校园里找到医务室的位置"、"能在地图上识别不同的地形"、"举例说明支持某一观点的证据或事实"、"说出自己喜欢或不喜欢的音乐作品"等。

（2）体验性或表现性目标的方式，即描述学生自己的心理感受体验或明确安排学生表现的机会，所采用的行为动词往往是体验性的、过程性的，这种方式指向无需结果化的或难以结果化的课程目标，主要应用于"过程与方法"、"情感与态度"领域，如"阅读自己喜欢的作品，收藏自己喜欢的书籍资料"等。

2. 教学目标陈述的基本要素

一般认为，行为目标陈述的基本要素有四个：

（1）行为主体；

（2）行为动词；

（3）行为条件；

（4）表现程度。

如"在与同学的交往中（条件），学生（主体）能复述（行为动词）他人的主要观点（表现程度）"。然而，并不是所有的目标呈现方式都要包括这四个要素，有时，为了陈述简便，省略了行为主体或行为条件，但前提要以不会引起误解或引起多种解释为标准。

第二节　明确教学方向，提升教学有效性

　　制订课程教学目标时，并不是就仅仅限制于写结果，而是应该描述要达到的结果和指向结果的行为和过程。而每堂课的教学目标都应该切合教学实际，而不是通用的、空泛的。有的教师制订的教学目标特别宽泛，可以说是适用于任何一篇课文，缺乏指向性。例如有的教师就可能会对课文《窗前的气球》一文制订出如下的教学目标：

教学目标：

1. 认识 7 个生字，会写 2 个字。

2. 正确、流利、有感情地朗读课文。

3. 体会主人公的情感变化，领会课文所传达的美好友情。

　　这种教学目标就可以称得上是适用于任何一篇课文，而对于这篇课文，却无特定的目标和指向目标的行动。有经验的教师可能就会制订出这样的教学目标：

　　1. 运用自己喜欢的方法自主识记本课 7 个生字，学会写好半包围的"周、床"两个字，掌握写好半包围字的要领。

　　2. 正确、流利地朗读课文，并能像讲故事那样来朗读课文。

　　3. 在朗读、讨论、交流中感悟伙伴之间的美好友情，并能向大家讲述自己在生活中感受到的友情。只有为每一节课制订切合实际的课程目标，老师准确地加以描述，使每一节课都有明确清晰的教学方向，这是提升教学有效性的前提。而切合实际的课程目标，应该体现三维目标的整

合。

应当指出，人从来就应当是完整意义上的人。因此，人的认知，人的情感，以及人的意志等都应当是有机结合在一起的。所以在教学的实施过程中，新课程的"三维"目标就必须要融为一体、不可分割。如《奇异的黄山》这篇课文的教学目标应该这样设立：

1. 能正确、流利、有感情地朗读课文。背诵课文第二自然段。

2. 通过朗读感悟文中新词的意思，理解课文内容，培养审美情趣，激发学生对祖国大好河山的热爱之情。

这样就体现了三维目标"知识与能力"、"过程与方法"、"情感态度与价值"的整合。最近几年，课堂教学在不同之中有个共同点，这就是在导入新课之后，教师随即以不同的方式展示这一堂课的教学目标，并围绕教学目标展开教学过程。这种模式正在教学领域中迅速推广，这是一件好事，它改变了原先的那种漫无目的、随心所欲、收效甚微的教学状况。那么，怎样确立切合实际的课程目标呢？

一、确定教学目标，要注重内容。

所谓"注重内容"是指注重对课文内容的理解和领悟。一句话，就是读懂课文，理解中心。阅读课文，其本质就是理解内容，新大纲对阅读能力的要求，也是以理解为核心的。只有正确地理解和领悟了课文的内容，才能真正提高学生驾驭课文的能力。所以，在确定教学目标时，应当注重对课文内容的理解，让知识传授和能力训练为达到这一最终目标发挥积极的作用。

王老师在教授《阿Q正传》一文时，首先确定了教学目标：理解阿Q这个人物形象，并用一堂课加以分析理解。

上课时，先检查学生阅读情况，然后讨论"阿Q是怎样一个人"这一问题。尽管人物形象逼真，内涵丰富，但学生起初的回答却很简单、直接，大多以"好人"、"坏人"评价，经过提示和反复引导，一个倍受封建主义毒害的农村小人物形象就展现在学生面前。通过老师分析，学生认识到，对人物形象的评论不能简单的以"好人"或"坏人"作结论，阿Q

悲剧的发生是和他所处的时代息息相关的，对文章中心的理解也就迎刃而解了。

实践告诉我们，那种不注重课文内容，而把注意力放在知识教学上的做法，是不足取的。

二、确定教学目标，要注重重点。

每篇讲读课文之前，总有两到三个训练重点，而所谓的"注重重点"是指重点之中的重点，即突破口。一篇课文，可教的东西很多，许多教师一味求全，惟恐遗漏了其中之一，好像只有讲到了才放心，其实这大可不必，我们应该以是否正确理解和领悟课文的关键作为取舍教学重点的标准。

譬如《黄鹂》一文，有三个训练重点：一是了解把延安军民火热的战斗生活寓于风景描写之中的创作意图；二是体悟清新、含蓄的语言；三是朗读和想象力的训练。如果教师平均使力，每条都详讲，那么给学生的印象就会不深刻。"伤其十指，不如断其一指"，就应着重抓住第二条响鼓重锤。在目标实施过程中，围绕含蓄的定义"把所要表达的思想融汇进具体的描述中，让读者去回味"——展开讨论。找到了突破口后，分析文章时就得心应手，一气呵成。因此重点部分要不遗余力，突破了重点，而其他几条，学生也会豁然开朗的。

三、确定教学目标，要注重难点。

所谓"难点"，就是学生难以理解和掌握的知识，也就是通常所说的"需要学生跳一跳才能摘到的果实"。到底哪些才算是难点呢？这就要求教师充分了解学生的学习现状。我们经常说的备课不仅要备课文，更要备学生，就是这个道理。例如在教《药》一文时，训练重点有两点：一是理解运用对比突出主题思想的写法，二是理解小说中议论的作用。其中的第二条就是难点，因为最主要的教学内容是让学生掌握议论这种表达方式，而本文则要求学生理解记叙中的议论的作用，许多学生对此一知半解，有的甚至一窍不通，这就要求教师在分析课文时一定要结合课文的具体内容，

讲得透彻。而文章的末尾三段正是实施这一教学目标的关键之处，它既是重点，又是难点，一定要想方设法帮助学生弄明白。为了这个目的，应当紧扣语言，深入挖掘，突出训练，让学生深入领会"我"对改造旧社会、创造新生活的强烈愿望和实现这个愿望的勇气和信心，并从中受到鼓舞，以强化德育教育。

教师所制订的教学目标应该是一个完整的体系，比如说在整个初中阶段，每个学年，每个学期，每个单元，每篇课文，每一堂课，都应该有特定的教学目标，而教师应该有意识地围绕教学目标分别加以实施，减少随意性。但是这些目标并不是一成不变的，当各方面的因素发生变化时，我们应该及时调整、变动，有时进行局部调整，有时甚至要从总体上调整。例如，针对语文这门学科来说，要求学生正确翻译文言文时，发现他们连章节也读不通顺，这就需要改变目标，加强朗读训练。再如，根据新课标的要求，如语文学科突出了人文性，教师也应该随之而调整阅读目标，重点应放在突出人文思想的名家名篇上。总之，只有应变有方，才能使教学不断地发展。

第三节　根据个体差异，确立分层次目标

　　教学目标应该明确、具体。教师如果关注每个学生的发展，重视学生的个体差异，承认每个学生的知识结构、理解能力、经验或经历上存在的差异，那么在目标设计时就能制订高低难易不同的目标层次。

　　教学老师标设计要考虑学生个体学习差异，并不是随意增加或降低课程难度，而应使教学目标具有层次性。

　　我们以《惯性》这一课为例的教学目标来分析。

　　《惯性》教学目标：

　　1. 通过学习能知道某些现象是由惯性引起的；

　　2. 大多数学生能运用惯性的知识解释现象。

　　在这份教学设计中，设计的教学目标 1 是全体学生都应达到的，而目标 2 中"大多数学生"就是层次性的体现。

　　学生个体学习目标客观上存在不同的层次、不同的目标，实现目标过程应遵循从较低层次逐步达到较高层次。我们以一次探究活动为例，教师设计不同的目标层次，让每位学生都能根据自己的能力，确定自己的目标，积极主动地投入到探究活动中，体验探究过程中的乐趣，收获探究过程中的成果，培养并强化目标意识，实现学生潜能的可持续发展。

　　接下来我们再以《观察蚯蚓》为例来分析如何进行分层次的教学目标设计：

　　有位教师在探究教学学习目标设计过程中，考虑到初一学生第一次被

要求系统而科学地观察、探究蚯蚓的外形和生活习性，而他们对蚯蚓的原有认知肯定存在很大的差异：生活在农村的部分男学生已经接触过蚯蚓，会比较熟悉蚯蚓的外形和部分生活习性；大部分的女学生可能从来都没接触过蚯蚓；而有一部分学生可能只是看见过有关的一些图片等。另外，有些学生观察细心，有些粗心；有些动手能力特强，有些逻辑思维特严谨，等等。针对这种差异，教师将知识、技能、策略和情感四种学习目标都设计成为具有递进层次关系的三种类型供学生选择，并向每个学生说明他们可以根据自己对蚯蚓的了解程度以及自己的思维特点、动手能力来选择自己的探究目标，并根据自己的弱项来选择自己的合作伙伴进行自主探究，最终目标是每个学生在自己原有基础上有一定的提高，并能体验到探究过程中的快乐。

在教学活动中，每堂课都有必须完成的教学目标，教师制订好、中、低各个层次学生应达到的目标，同时在此基础上，鼓励和帮助班级里不同层次的学生向高一层次目标迈进。教师课前说出本节课的教学目标，有利于增强学生的选择意识。

我们来看这样一个案例，这是一位教师对《春》一文进行的有层次教学目标的设计，分为如下高、中、低三个不同层次的目标。

高层次：

1. 学会生字和词语，读音准确，会写会运用，并理解词义；

2. 感知课文内容，把握作者的感情；

3. 能够完整准确复述课文内容；

4. 能有感情地朗读课文，并能背诵课文。

中层次：

1. 学会生字和词语，读音准确，大部分会写会运用，并理解词义；

2. 理解课文内容，能把握作者的感情；

3. 能够复述课文的主要内容；

4. 能初步有感情地朗读课文，并基本上能背诵课文。

低层次：

1. 学会学生字和词语，读音准确，会写，初步了解词义；

2. 初步了解课文内容，能了解作者的感情；

3. 学习复述课文内容；

4. 能读课文，并能背诵精彩的段落。

教师设计了这样的教学目标，然后展开教学活动，通过这样的教学使每个学生都有所提高，学生的学习兴趣提高了，课堂效率也提高。正如美国教育家布卢姆将教育目标分为认知、情感和动作技能三类，这三类从较低层次到较高层次各分为若干层。

又如《背影》的目标可作如下分层：

1. 认知目标（其中渗透技能目标）

知识：了解朱自清的简历与主要著作，掌握本文 16 个生字、新词。

理解：陈述本文细节描写的精妙之处。

评价：体会本文借助父亲背影串联情节的技巧。

运用：掌握本文行文的思路。

2. 情感目标（其中渗透技能目标）

知识：了解本文表达的父子深情。

理解：掌握本文细节描写的美感。

评价：体味并准确理解用细节串联情节表达情感的美妙。

运用：掌握本文以真情、真感著真文的特点。

以上教学目标的分层只是从内在心理变化的角度所作的分层，这要比原先的"体味并准确理解文章所表达的父子深情；学习平实的语言和传神的细节描写"具体和清晰多了。但是由于这个目标只是从心理变化的角度所作的描述，不便于观察和测量，所以，还要将内部过程与外显行为结合起来表述。学习的实质是内在心理的变化，即内在能力和情感的变化。而内在心理的变化，如感受、领会、理解、欣赏、体验、热爱、尊重等，不能直接进行测量和评价。对此，教育心理学家格朗伦提出的内部过程与外显行为相结合的方法很有借鉴意义。这种方法是列举反映内在心理变化的行为目标，以对内在心理目标的具体变化进行观察和测量。

如《背影》的教学目标可以这样表述（认知目标、情感目标和技能目标渗透整合）：

1. 知识：了解作家、作品，掌握生字新词。（内在心理变化）搜集阅读有关资料，陈述朱自清简历与其主要作品，其中包括"民主战士"、《欧游杂记》等；会解释文中 16 个学生字新词。（外显行为表现）

2. 理解：理解学生动传神的"背影"细节描写的美感。（内在心理变化）诵读课文，找出描写生动传神的细节描写，对重点动词美感的理解。（外显行为表现）

3. 综合：体味并准确理解文章所表达的父子深情。（内在心理变化）诵读、默读课文，依据课文顺序找出最令你感动的文字，并描述你被感动时的真实心态，其中应有"父亲"怜子亲子的至诚无私和作者善解人意人情的真实真切，尤其是作者面对"父亲"背影，"泪很快地流下来"的深层原因。（外显行为表现）

4. 运用：掌握本文借助父亲背影串联情节和以真情、真感著真文的特点。（内在心理变化）反复朗读、默读、齐读课文，找出四处"背影"的描写和作者三次"落泪"感情之间的内在联系，其中应有"朴实无华的语言"、"细致入微的细节"、"情感的真挚"、"事情的真实"、"观察的仔细"等。（外显行为表现）这样将内在心理过程与外显行为结合起来表述，目标就非常具体明确，既能发挥教学目标对教学实践的具体引导作用，又便于对学习结果进行观察、测量和评价。但是，这些目标只局限于对课文的解读，还很难对学生的语文素养和生命发展起到推动作用，所以教学目标要着眼于学生的发展和成长。

教学目标，按照新课程理念可分为知识和能力、过程和方法、情感态度和价值观三个维度。知识与技能是显性、短期目标；方法、情感、态度、价值观是隐性、长期的目标。假如出示的是显性的、短期的目标，学生遭遇的只能是一堆"死"的符号型的结论，势必造成单纯的知识传递，造成死记硬背和封闭僵化，使教学缺乏"人气"，缺乏生命活力。好的教学目标应是显性和隐性、短期和长期、预设和生成目标的完美结合，既有知识、技能的增长，又有智慧、情感、信念、意志、价值观等的发展和生成，具有丰富的精神、文化、生活、生命的内涵。这"结合"最能体现出教师教学的功底，也是一位教师成熟的标志。上述《背影》的四个目标都

局限于课文本身的理解，因此，还应设立发展性和创新性的目标。

5. 活动：体会感人至深的亲情美和真情真感著真文的写法。（内在心理变化）选读一篇或几篇写"父亲"的散文，从情感内容和写法方面比较体味，或课后以笔记形式书面完成。选择父亲和自己的生活片段，自拟题目写篇文章表现父子深情的文章，选读、品味一篇或几篇写"父亲"的散文，可以将上面学得的知识和技能付诸运用。（外显行为表现）此时师生若能在一起回忆各自父亲对自己的关爱，并满含着情感进行讲述，将会使师生沉浸在浓浓的父子深情中，然后再选择那些铭记于心的生活片段记叙出来，则能达到认知、情感、技能都得到发展的高层次的教学目标。再如学了《卖炭翁》让学生写《炭被抢走了以后》，学习郦道元的《三峡》写《郦道元 2008 年再游三峡》，续写《皇帝的新装》，改编《麦琪的礼物》为剧本，等等，都能使学生得到较大程度的发展。

教学目标是教学活动的出发点和落脚点，没有目标或是目标不正确的教学是无的放矢。因此，教师在进行课堂教学设计时要有明确的教学目标。

第三章 教师教学设计的技能

第四节　课堂教学的应变技巧

　　教学目标是通过综合考虑各种因素在上课前制订下来的，但课堂上出乎教师意料的情景时有发生，使原来设计的教学目标出现偏离。所以，教师在制订教学目标时，应预留有一定弹性空间，不能过于死板，便于进行随机的调整，有时就会有意想不到的收获。

　　教师的应变技巧是教学机智，是指教师在其教育、教学中，面对各种始料不及的棘手问题，机智地变换教育、教学方法，灵活而不呆板，巧妙而不生硬地作出处理，并对学生进行因势利导、因材施教的能力。

　　应变并不意味着情况变化了，可以放弃教育教学原则，随意改变教学计划，而是根据变化的情况，将观念、手段、方法作相应的变化，及时、果断、能动地驾驭教学工作，变被动为主动。

　　教师处理突发事件，既要有丰富的教育经验，又要有敏捷的思维和娴熟的教育技巧，既要对突发事件作出迅速准确的分析和判断，又要有一定的胆识和决策能力。课堂教学中，由于各种原因，难免会出现一些偶发事件。如何面对这些突如其来的问题，便成为教师教学素养的最好体现。

　　如何正确对待课堂教学中的偶发事件？

　　教师首先要有热爱教育、热爱学生的高尚职业道德。爱是教育的前提，没有爱就没有教育，爱学生是教育取得成功的前提。偶发事件的处理也要以"爱心"为行为的准则，在偶发事件的处理中表现出教师对学生的热爱之情与负责精神。

　　其次要沉着冷静、机智灵活。面对偶发事件，教师切忌急燥冲动、感情用事，也不要急于寻根究底。教师对学生的调皮捣乱行为要作具体分析，要善于克制自己的情绪，以平等的姿态对待学生。同时要善于扭转课堂重心，灵活调适课堂气氛。当然，教师先要在备课时努力做到"心中有教材，心中有学生"，备课时要揣测他们的心理活动，估计出可能产生的效果。这样，如果有出乎意料的回答或行为，就会心中有底，临场不乱。

　　　　有位老师在讲授完《坐井观天》这篇课文后，让同学们进行朗读。一位同学的朗读方法让大家大吃一惊——他故意结结巴巴地念道："天天天……不不过……井井井口……那么大。"引得全班同学都哄堂大笑。
　　　　一位同学小声地说："他就爱捣乱。"不过，老师还是很沉着，不但没有生气，反而好奇地问他："你的朗读很特殊，你能说说为什么要这样朗读吗"？这位学生红着脸说："我想这只青蛙长年呆在深井里，很少和别人交谈，时间长了，一定会变得结结巴巴……"对于这种意料之外，又是情理之中的回答，全场报以热烈的掌声。

　　在这里，一次很容易被误解为"捣乱"的朗读，被老师捕捉到并巧妙地转化为引导学生深入理解课文的一种契机。这位学生的创意，能被大家接受并得到赞扬，不仅对他的成长，也会对全班同学的成长产生深远的影响。师生之间的情感交流表现得如此自然，如此得当，绝不是仅仅通过字面"备课"能达到的。这就要求教师走进课堂之前调整好心态，精神饱满地走进教室，使学生精神受到感染，从而奠定一堂课的成功基础。讲课时，要最大限度地和每一个学生发生心理上的沟通，及时了解学生的学习情况，并使学生感到他们每一个人对教师来说都非常重要，为师生进一步接触创造有利条件。在课堂上，教师应充分尊重学生，给学生以成就感。一个眼神、一句话、一个分数，都可以给学生很大的鼓舞。多表扬，创设轻松、愉悦、和谐的教学情境和氛围，从而使教学活动生动活泼，取得最

佳的教学效果。

课堂教学是一个富于变化的共时空群体活动，具有很大的灵活性和现场性。学生在课堂上所表现出来的鲜活"学情"，尤其是那些"错情"便是最重要的教学资源。教师应抓住"错情"，灵活地"点击"而不能照搬课前的"硬设计"白白错过教学机遇。如有位老师在教学杜甫的《绝句》时有同学提出这样一个问题："为什么杜甫不用蓝天而用青天呢？"老师心里"格登"一下，虽然自己对这首诗已经很熟悉，但从来没有想到这个问题，于是决定把这个问题抛回给学生。学生们开始交头接耳，纷纷发表自己的意见，尤其是有位同学的说法更令人感动："春天到了，草儿茂盛，连天空也是草儿的颜色——青色，自然就是春天。"有的同学说到"青出于蓝而胜于蓝"。多么令人感动的奇思妙想。在这节课上，老师完全没有想到学生会提出这样的问题，但这位老师用自己的智慧及时抓住同学们的看法和问题，这样，不仅活跃了同学们的思想，更重要的是极大地激发了学生质疑问难的积极性，使学生的创新意识和能力大大加强。

课堂教学是师生共同成长的生命历程，它五彩斑斓，活力无限，充满着变数，教师要善于启发学生的求异思维，想办法使学生整堂课都在积极思考问题，并让学生的智力真正地卷入到教学过程中，使学生的思路与教师讲解分析交融在一起，这样，就要求教师时时以一个参与者、研究者的身份出现在学生的探讨、讨论之中，与学生一起发表自己的观点，交换自己的看法。如有位老师在执教《爸爸买来电饭煲》，一位学生质疑："用内锅淘米为什么会变形，影响使用效果？我看我爷爷都用内锅淘米，好像没有什么影响？"对这个问题，教师有些措手不及，但他并不使用"外交辞令"——"对于这些问题我们课后再讨论"，而是主动淡化"师道尊严"以一个"对话者"的身份说："是呀，老师也有些困惑，谁能帮帮老师？"有位同学站起来说道："我曾在书中看到电饭煲的内锅有一层保护层，用内锅淘米会破坏这层保护层，降低电热效果……"教师与学生之间就应是这样一种平等、民主的关系，从而把课堂构建成和谐的氛围。如果教师时刻不忘"一切为了学生主动发展"这个崇高的使命，就不会把学生的创造性思考和标新立异的行为简单地判断为捣乱。相反还会从调皮、捣蛋，甚

至恶作剧中，挖掘出积极因素，如同从粗糙的矿石中提炼纯金，帮助学生在鱼龙混杂、泥沙俱下的纷乱信息中健康成长。

下面介绍几种处理课堂偶发事件的方法，供老师朋友参考：

1. 趁热加工法

"趁热加工法"是指在课堂教学中，当偶发事件发生时，教师应抓住时机，马上给予处理，趁热打铁，以取得最佳教育效果。

> 一位语文教师刚刚跨进教室，发现学生都望着天花板，原来一条凳子上的坐垫挂在天花板露在外面的电灯线上。他正想发火，却转而镇静下来，灵机一动，改变原来的教学计划，在黑板上写了《由坐垫飞到屋顶上谈起……》，让学生写一篇命题作文，收到了良好的效果。学生通过亲身的感受，写出的作文真实生动。那位挂坐垫的同学，在作文中也承认了错误……

"趁热加工法"，往往能使偶发事件及时得到解决，并给学生以强烈的思想震动和深刻印象，对日后偶发事件的产生起了震慑作用。但是，这一方法往往会占用一部分教学时间，甚至被迫变更原有的教学计划，影响教学任务的完成。

2. 暂时悬挂法

就是对教室里发生的偶发事件，采取淡化的态度，暂时"搁置"起来，或是稍作处理，留待以后再从容处理的方法。这种方法多用在学生与学生之间、学生与教师之间发生了争执对立，或是课堂教学中个别学生发生了较严重的违纪事件。因为发生偶发事件后，学生多半头脑发热，情绪不稳，很难心平气和地接受教育，甚至会产生更严重的逆反情绪，使局面难以收拾；而教师则容易心理失衡，缺乏充分的心理准备和冷静的分析，如果贸然进行"热处理"，难免发生失误或难以取得最佳的教育效果。

> 一位教师上课时，刚走进教室就看见同座位的小王和小张同

学打架，你推我拉，互不相让。这位教师没有慌张，也没有大声训斥学生，而是微笑着说："怎么啦，你们俩都已经是大学生了，有了小矛盾还不会处理？双方冷静一下，相信你们能够自己解决的。好，我们开始上课。"随着老师的话语，同学们松了一口气，小王和小张也松开了手，不好意思地低下了头。一场"龙虎争斗"平息了下来，既避免了事态的激化，又没有浪费宝贵的教学时间，更重要的是让学生学会自己解决纠纷。

3. 巧用幽默法

在教学过程中，总有爱钻牛角尖的学生提出这样或那样让教师难以回答的问题。如果教师为了继续教学过程，简单强制性地对其进行压制，那样只会促使学生产生逆反心理，激化矛盾。同时，还会降低教师在学生心目中的威信。这时，巧用幽默来处理偶发事件，发挥幽默的独特魅力，不仅可以让教师从容地摆脱尴尬，而且会给学生留下难以磨灭的印象。

一位物理教师在习题课上讲了这样一道题：A、B两物体叠放在水平面上，A重3N，B重5N，求B对地面的压力。因为A压在B上，对B产生一个压力，因此B对地面的压力$F=3N+5N=8N$。教师经过详细的图示讲解，大部分同学都掌握了，正要进行下一道题时，突然一个同学站起来说："老师，我不明白你这种做法，我认为B对地面的压力等于B的重力，就是5N。"课堂上气氛顿时紧张起来，学生要推翻老师的观点。这位教师没有焦急，笑着说："同学们，我们先讲个故事好不好？"同学们齐声说："好。"教师讲："从前，有个老农骑着一头驴到集市上去买粮食。到集市上买了一袋粮食后，老农心想：我骑着驴，小毛驴就够累了，再把粮放在驴背上，别把驴累坏了，干脆，我自己辛苦点，扛着粮食再骑着驴回家算了。"故事逗得全班哄堂大笑，等同学们笑完了，教师问："老农的这个办法使小毛驴受到的压力减少了吗？"同学们连声说："没有。""那么刚才那个问题同学

们都明白了吗?"教师又问。学生恍然大悟,那个提问的同学心悦诚服地坐下了。如果刚才这位教师重复讲一遍,那个学生绝不会心悦诚服,这就会使教学活动以失败而告终。

4. 因势利导法

所谓"势",是指事情发展所表现出来的趋向。处理偶发事件时,要注意发现和挖掘事件本身所表现出来的积极意义,然后或顺势把学生引向正路,或逆势把学生拉向正轨。

某教师正在上课,课将结束时,一位"不速之客"——蝉,突然从一个学生的抽屉里飞了出来,鸣叫着在教室里盘旋。几十双眼睛一下子为之吸引,一时注意力难以收回。这位教师干脆不慌不忙地笑着说:"看来同学们对这堂课的内容掌握得很好,连蝉都帮你们宣告'知了'、'知了'。既然这样,下面谁能把这堂课的主要内容概括地总结一下?"同学们在心领神会的笑声中重新把注意力转移到课堂上来,直到下课。

5. 爱心感化法

偶发事件经常发生在一些差生身上,他们自尊心强,同时自卑心理也较重,他们十分渴望得到老师的信任和尊重,即使有了差错!也希望得到原谅。作为教师,应坚信每个学生都是可以教育好的。在处理偶发事件时,注意把严肃、善意的批评与信任、鼓励结合起来,把"尽量多地要求"与"尽可能多地尊重"结合起来,切不可感情用事,用训斥加批评甚至体罚或变相体罚等方法简单粗暴地处理,以免激起师生之间的矛盾,造成师生之间对立情绪的扩大。

某位教师上课时,有一个学生在他背后模仿老师的动作,引

起同学们的哄笑。老师装作不知。等课快结束时，老师讲："写字要模仿，画画要模仿，写文章要模仿，模仿是学习的第一步。第一步做得好的话，第二步的创造就有希望，也有基础。我想刚才这位同学模仿我的动作一定很像，否则引不起同学们的大笑，看来他将来说不定能成为一个表演艺术家。以后有机会的话，我们会请他为我们表演一下他的模仿才能，让我也欣赏欣赏。"

6. 自嘲解围法

偶发事件有时来自教师的失态，面对这一情况，怎么办？运用自嘲解围的办法，既可以避免窘迫，又可以激活课堂气氛。

一位数学教师走上讲台，同学们忽然大笑起来，他莫名其妙，后来坐在前面的一位女生小声对他说："老师，你的扣子扣错了。"这时，老师自己一打量，发现第四颗扣子扣在第五个眼里，然而这位教师却煞有介事地说："老师想心事了，匆匆忙忙赶来，不过，这也没有什么好笑的，昨天我们有的同学做练习，运用算术公式就是这样张冠李戴，应该改过来。一边说边把扣子改过来扣好。这位教师颇具匠心之处在于用轻松幽默的自嘲方式为自己解围，既纠正了自己教态的失相，避免了窘迫，又批评了学生不认真做作业毛病，同时还激活了课堂气氛，这样的教学机智实在让人叹服。

第四章　教学内容的设计

　　教材内容是安排教学内容的基本线索，也是提供教学内容的重要资源，但由于教材内容是一个个静止的"知识端点"，与学生接受、生成新知识的动态过程不可能完全吻合。因此，教师对教材不能简单地执行与传递，而要充分分析教材的编写意图，研究教材内容之间的相互联系，明确所学内容在整个教材体系中的地位和作用，挖掘知识的多重价值，根据教学目标、学生需求和自己的教学风格，对教材内容进行适当地筛选、调整和重组，安排出立足课标、合理精确、符合学生认知水平和有利于学生全面发展的教学内容。安排教学内容，还需思考如何选择学生日常生活中熟悉或关心的题材，创设教学情境，激发学习兴趣，联系生活。合理的教学内容设计会在教学中起到关键作用。

第一节　教学结构设计的内容

　　教学结构的设计是一项处理多种教学要素的创造性劳动。它要根据教学内容和任务的要求，以及教学目标的规定，确定教学媒体和教学方法的应用，安排学生活动形式及活动程序。任何一位教师在实施教学活动时都要自觉或不自觉地考虑教什么内容和用什么手段、方法来教的问题，都要将它们进行一番组合处理。教学结构的设计就是将这种"组合处理"明确化、科学化和系统化，克服随意性和盲目性。

　　教学结构的设计包括以下内容：

　　1. 提供清晰明确的知识结构

　　知识结构反映了各知识点之间的关系，客观上为我们的教学顺序安排提供了依据。明确清晰的知识结构不仅可使知识体系完整、系统，使知识点之间的层次关系更为直观，而且也能较容易地鉴别出重难点的内容，为确定教学策略、安排教学活动打下了良好的基础。

　　2. 确定学生活动方式

　　学生活动方式是指教师和学生在教学活动中各自扮演的角色，相互之间存在的关系及双方应遵循的活动规则等。从师学生之间的关系看，主要有三种方式：（1）以教师为中心的高度集中型，教师是整个活动的核心，是教学的组织者、协调者、教学信息的提供者。班级授课方式是其典型代表。（2）以学生个体为中心的高度分散型，学生个人是整个活动的核心，一切教学资源均要为学生的活动而服务，教师起指导或顾问的作用，个别

化学习方式是其典型代表。（3）既强调教师主导作用又显示学生主体地位的协调型，教师和学生在活动中均能发挥积极作用。从某种角度看，小组学习是其典型代表。

3．安排教学步骤

安排教学步骤就是对教学活动的程序或顺序进行编排。教学是由一系列独特、有序的活动组成的，是随着时间的流动而展开其教学环节的。在教学中对先进行什么活动、后做什么活动要作合理的安排，不同的活动步骤会产生不同的教学效果，多一个步骤或少一个步骤也会有不同的教学效果。对教学步骤的安排有的是按教学内容的逻辑顺序，有的是按学生的认知能力，有的是按教学任务的特殊要求等进行的。

4．选择教学媒体和教学方法

无论教师以何种活动方式进行教学，无论教学活动存在何种程序或步骤，都要有适当的教学媒体和教学方法作为其支持系统。对教学媒体和教学方法的选择就是对教学活动的支持系统进行选择。每种教学媒体和教学方法都有各自的特长或优点，应根据教学的实际需要，如教学内容的特点、教学任务的性质、教学活动的形式等加以选择和组合。必须注意的是：没有一种万能的媒体和教学方法，要针对具体的教学情境作具体的分析和选择。

5．创设学生参与教学的各种机会

学生作为学习的主体，不但要接受教师传授的知识，更重要的是学会学习、发展能力。传统的教学方式中学生处于被动学习的地位，素质教育呼唤学生作为学习的主体，应得到全面的个性化的发展。在教学设计中运用多种学习模式，特别是发现学习模式，倡导学生发现问题、解决问题，全方位地参与学习过程。基于这种观点设计课堂教学结构，应努力为学生创设多种参与教学的过程，引导学生多观察思考、实际操作、讨论发表自己的见解、角色扮演、游戏模拟、练习作业等，充分调动学生的主体活动因素，使学生活动协调进行，是构成课堂教学过程结构的基本要素。

对教学结构进行设计一般要对上述几个方面的内容加以处理。以上教学结构或模式大致包括了学生活动的方式、步骤、所运用的教学媒体和教

学方法等要素。这些要素的组合便形成一种教学结构或模式，这些要素的变化便可形成多种多样的教学结构或模式。

教学组织形式是教学任务和教学内容得以实现的基本保证；教学组织形式直接影响到教学质量的高低；教学组织形式直接影响教学效率的高低、教育规模的大小。

1. 教学组织形式的类型

（1）个别教学。个别教学反映出教育规模狭小，受教育的学生人数少，而且年龄层次和知识水平相差悬殊，教师根据不同的水平分别教授一个或几个学生。这种教学组织形式的特征是教学速度慢、效率低，没有明确或固定的学习年限，学生既不分年限，也不分科进行学习。通常认为这种教学形式较适合学生人数少的教学要求。

（2）班组教学。班组教学具备了班级教学的某些特征。在这种教学组织形式下，教师（可能不止一名）同时教的是一组学生，班组学生的学习活动和学习课程具有某些共老师性，具备了集体学习的特点。但通常班组的学生人数并不是固定的。学生入学和退学较为自由，对学生的年龄、文化程度、学习进度和学习内容也没有明确的统一要求。

（3）班级教学，也称班级教学制或班级授课制。班级教学是在班组教学的基础上发展而来的。它的出现适应了学生发展需要，同时也使得各国扩大教育规模，增加教学内容，提高教学效率、教学质量，提供了比个别教学和班组教学更为有效的形式。

分组教学是对班级教学的改革。各国的分组教学可分为两大类，一类是外部分组，一类是内部分组。

①外部分组。这种分组方式打破了传统的统一按年龄编班的做法，改由按学生的学习能力或学习兴趣来分组。这种形式的分组在西方国家运用得很广泛。

兴趣分组，也叫选修分组。这种分组也是跨班级的，甚至是跨年级的，如各种课外的活动小组、兴趣小组等。能力分组，按学生的能力分组也就是按学生的智力或学习成绩来分组，通常又可分为学科能力分组和跨学科能力分组两类。

②内部分组。它是在保持传统的按年龄编班的班级教学条件下，根据学生的学习能力、学习速度和学习兴趣等因素将他们编入暂时性的小组里进行学习，因此也叫班内分组。内部分组的具体做法也有两种。

在教学过程的某一阶段，在班级教学的基础上，由教师根据学习内容和学习目标对学生进行分组，其依据通常是简短的诊断性测验，分组后学生根据自身的不同情况学习不同的教学内容，经过一段时间达到教学目的后再进行班级教学。

对相同学习内容和相同学习目标采用不同的方法和媒介手段进行分组。

（4）开放教学。也称为"开放班级"或"开放课堂"，开放教学的最大特点是放弃了班级教学的形式。在开放教学的形式下，教学以学生的兴趣为中心，老师固定的计划、形式和结构不拘泥于形式，在活动中进行学习。教师的任务是为学生提供学习情境，进行个别辅导，而不直接介入学生的学习活动。

（5）现场教学。现场教学是一种在空间上与课堂教学相对应的教学组织形式。作为对课堂教学的改革，现场教学在师资、教学时间、教学手段和方法等方面均有自身的特点。其最大的特色是在教学的空间上，即教学活动不是在学校的课堂中进行，而是在事件发展的现场中进行。

2. 教学组织形式的选择

教学组形式主要受教学观念、教学任务、教学内容、教学对象和教学条件等因素的制约。

（1）根据教学任务进行选择。在选择教学组织形式时，首先要考虑教学任务。如果教学的主要任务是传授新知识，就应选择班级教学的形式，如果是为了培养学生的技能技巧，则可考虑采用小组教学的形式，如果要完成多种教学任务，可以考虑多种教学组织形式的整合。

（2）根据教学内容进行选择。从不同的学科来看，如语文、数学和体育、美术等，其内容的性质不同，要考虑采用不同的教学组织形式。从同一门学科来看，不同的教学内容，如难易程度不同，或复杂程度不同，也可以采用不同的教学组织形式。

（3）根据教学对象进行选择。不同年龄阶段的学生在身心发展方面存在着差异，在选择教学组织形式时必须顾及到这些差异，采用合适的教学组织形式。例如在小学阶段，高年级和低年级学生的注意力发展水平不同，不宜一律采用45分钟一节课的组织形式。

（4）在选择教学组织形式时，应该考虑教育的现有条件、学校的文化背景等因素。

第二节　教学结构设计的原则

　　教学结构设计就是根据教师目标和学生的特征，对教学中师生的活动过程、形式，涉及的教学媒体和方法等多种要素进行整体优化的安排，形成特定的教学结构或模式。这种整体优化安排的结果就是形成实施教学的综合性方案，即教学策略。可以说教学策略是教学结构设计的前提。从安排教学的措施和方案的角度看，课堂教学结模式与教学策略均属同一概念。

　　教学设计的原则大致有以下几点：

　　1. 系统化原则

　　系统化原则是指教师在设计教学方案时必须采用系统分析的方法去考察教学系统的各个要素，分析各要素的功能、作用及要素之间的关系，从系统状态和相互联系中构思教学活动。教学是由教师、学生、教学内容、教学目标、教学方法、教学媒体等要素组成的系统，只有对这些要素从功能、结构以及相互关系等方面进行分析，把握在具体教学内容和特定的教学对象条件下的教学系统的特征，才能做出最佳设计。

　　2. 整体化原则

　　整体化原则是指进行设计时应对教学过程及构成教学系统的诸要素作综合的、整体的考虑。这一原则含有两层意思：一是教学设计要考虑德育、智育、体育、美育等多重的教育任务，将它们纳入设计的整体方案中去，不应仅注重知识的传授，而忽视伴随知识学习而产生的态度、品质及

美育因素等方面；二是设计时要全面考虑教学系统的各个要素，把它们看成一个整体，不能只注重某一个或几个要素。

3. 最优化原则

最优化原则是指教学设计要建立最优的标准体系，如最优的教学目标和评价标准体系，选择或组合最佳的教学媒体、方法和程序等，以取得最好的教学效果。

前苏联教育家巴班斯基认为，教学的"最优化"不等于"理想化"，最优化是指在一定条件下是最好的；换言之，最优的标准是相对的。教学设计是在特定的教学任务下，针对某群具体的学生进行的。因而，即使在某个年级某班具体条件下设计的教学是最优的，到另一年级另一班的教学就不一定是最优的，还应作修改或补充。

4. 多样化原则

多样化原则是指教学结构设计不应恪守一种模式或一种程序，而应在反映教学活动规律的前提下采用多种方式或方法，从而使设计具有更广泛的适用性和针对性。

课堂教学结构的设计，需要注意以下几方面：

1. 以"为了每位学生的发展"为唯一宗旨

新一轮基础教育课程改革把"学生发展"作为基本的课程理念，学生的发展，既指全体学生的发展，也指全面和谐的发展、终身持续的发展、活泼主动的发展和个性特长的发展。在此背景下，教师的课堂教学结构设计应体现这一思想，对传统的课堂教学结构进行更富教育意义的设计，为每位学生的发展创造合适的"学习的条件"。要尊重学生的独特差异，在课堂教学结构设计中，要保留一定的时间和机会让学生捕捉、表达自己的感受、体会，为不同学力的学生提供合适的学习时间和支持。在设计教学过程中，不但要针对不同学习内容设计不同的学习方式、活动方式，还要在同一学习任务中考虑到学生学习方式的差异，让不同的学生有不同的尝试机会。当然，在大班级授课的现实条件下，每个学生自主活动的时间、空间是有限的，加上教学进度与考试评价制度的制约，教师似乎难以给学生太多的选择机会。但是，在设计教学时，还是应该关注这一问题，因为

这是求得教学实效并节约学生精力、激发学生兴趣的必然要求。

2. 为学生自主、合作、探究的学习方式提供空间

传统的课堂教学，学生主要是"听中学"和"看中学"——学生听教师讲解，看教师提供的教具、图片或录像，在听或看的过程中思考记忆。新课程的实施，特别要求改变学生的学习方式，建立学生在课程中的主体地位，建立自主、探索、发现、研究以及合作学习的机制。而要真正转变学生的学习方式，教师必须在课堂教学中加以引导、扶持。所以课堂教学结构设计要为学生的自主学习、合作学习、探究学习创造机会，使课堂教学不仅成为学生学会知识的过程，还成为学生形成合理的学习方式的训练基地。教学结构设计中应当创设一定的情境，提供相应的教学条件，通过教材呈现方式的变革、活动任务的"交付"、教学方式与师学生互动方式的变化，最大限度地组织学生亲历探究过程，在动手、动口、动脑和"做中学"、"用中学"的协作参与中，发展他们的个性和能力。

3. 以实现"三维目标"为导向

我国传统的课程过于注重知识的授受，学生成了"信息库"，空有着大容量的静态的"知识"，遇到实际问题，缺乏解决问题的创造能力。新课程把"过程与方法"也作为课程目标之一。在具体的教学结构设计中，要注意老师养学生收集和处理信息的能力、获取新知识的能力、分析和解决问题的能力和团结协作的能力。让学生在活动中、在操作实验或深入实际学生活的过程中学习，让学生从自己的直接经验中学习，或者从他人的经验（例如对某些事实或现象的介绍资料）中通过发现来学习。另外，在课堂教学结构设计中，还要渗透情感、态度、价值观的教育，使教学过程不仅是一个完成知识授受的过程，还成为一个蕴含着丰富情感、人生哲理的教育性的动态过程，使学生在学得知识的同时学会做人，养成健康的心理素质、高尚的审美情趣和科学的世界观、人生观、价值观，成为有理想、有道德、有文化、有纪律的一代新人。

4. 处理好预设与学生成的关系

在课堂教学结构的设计中，把教学过程考虑得细一点，把可能出现的问题估计得充分一点，尤其是涉及多种教育资源的整合时，多一些事前的

准备，应该说都是必要的。但是，教学结构方案不是施工的图纸，它在实际操作的过程中，要围绕学生、学情作必要的情境化的调整。一些教师常苦恼于是否完成了教案或是否走完了预定的教学程序，这其实是没有必要的。作为事先的计划或构想，一成不变地得以实现是少有的，大多要作一点调整，更何况在今天大家都强调学生主体性、强调"一切为了学生的发展"的大背景下，就要围绕"学生的发展"这一核心进行各种教学设计。在学生的发展需要面前，方案、计划可以调整，它们可以因学生的实际发展需要而改变。从这个角度说，教师不但要在课堂教学结构设计上下功夫，还应该着力提高自己的教学应变能力，以在实际教学活动中自如地处理各种"意外事件"。

5. 让学生当课堂的主角

课程不再只是知识的载体，而是教师和学生共同探求新知识的过程。教师与学生都是课程资源的开发者，共创共学，形成"学习共同体"。在这个共同体中，需要教师与学生合作，更需要学生与学生合作。教学成为一个多因素影响下的动态过程，其间矛盾纵横、关系复杂。学生与教学内容之间的矛盾是教学的主要矛盾。教学中的其他矛盾都是在此基础上产生的，即为了解决学生与所学知识之间的矛盾，才产生了教师与学生、教师与教学内容等矛盾，因而它们是从属性的矛盾，是次要矛盾。由此看来，教学主要矛盾实际上属于学生认识过程的矛盾，是认识主体与其客体之间的矛盾；学生的活动是教学过程中最主要的活动。所以，课堂的主流应该是学生的自主学习，课堂的主人应该是学生，而教师应该退居幕后，做学生学习的组织者、引导者、参与者。课堂教学组织形式要从单一的教师讲授为主的集体授课形式，向以个别学习与合作学习相结合为主、多种教学组织形式的整合发展。

课程标准是新的，教材也是新的，课堂教学不能涛声依旧。把课堂还给学生，让他们成为课堂的主人。于是，教师应尝试着进行课堂教学组织形式的改革，主要突出两点：一是尽可能地为学生提供更多的自主合作学习的时空，二是要尽老师所能，为学生提供表现的机会。

请看一位教师在这方面尝试：

最近，我上《济南的冬天》一课时，把课堂的自主权交给了学生，让学生自己朗读，自己提问，自己回答，自己判断。这篇课文老教材也有，在以前的教学中，课堂上的气氛像济南的冬天一样是温热，也是波澜不惊的。这次，情况变了。好的诗文当是三分分析七分朗读。依惯例，这篇文章应该以朗读为基础，通过朗读，让学生领悟。我不再大包大揽，而是让学生在预习的基础上讨论发言，然后归纳朗读要求：要读出喜爱的感情，语速较慢，语调要柔和，语气要亲切。由学生推荐一名朗读基础很好的同学进行了示范朗读，最后，全班集体朗读，我发现，初一的学生纯真可爱，全部身心的投入，把喜爱济南的冬天的感情表现得淋漓尽致。好的诗文往往是教者言不可尽传，必须通过欣赏者自己的品味、体悟，才能获得其艺术美的真谛。初一学生已经初步有了这种审美能力，尽管是浅层次的。赏析课文时，我先明确任务，用投影的形式打出一串基本问题：济南的冬天是有什么特点？课文描绘了哪些有特色的景色？你最喜欢文章中哪些语句，说说理由……这些题目包括课文重点要点难点和探究发散类。然后，让班级成员进行分组学习。每四人一组，基本保证每组有一到两名成绩较好，性格外向的学生，这样让每个学生都在小组中有发言的机会和权利，让一些简单的问题在小组当场就消化解决。时间是最重要的学习资源，这个合作学习差不多花了15分钟，这个时间保证了学生充分交流和表现的机会。前苏联教育家苏霍姆林斯基曾说过，自由支配的时间是学生个性发展的必要条件，而这个自由支配的时间，在课堂上，就是自主合作学习的时间。占有了这个时间，也就把握了课堂，摒弃了传统"一言堂"，学生做了课堂的主人。在学生讨论合作学习的过程中，教师不该是旁观者，更不是局外人。我巡视了各个小组，认真倾听大家的发言，与学生进行交流，提供一些指导性建设性意见，也督促部分不能融入讨论的学生，确保合作学习的顺利开展。随后的15分钟进行了全班交流，由于有了前期的准备。学生有备无患，发言

积极，气氛热烈，一些成绩较差的学生也能勇敢地举起了手，学生潜在的学习积极性被调动了起来。他们对课文的某些分析远远地走出了教参的局限，言之成理的分析，完全出乎我的意料。《济南的冬天》共用四课时，大大地超出了预计的课时。但是，学生在这四课时中，成了课堂的真正主人，学生在传统教学情境中只能跑跑龙套，敲敲边鼓，充当着配角，甚至是旁观者，学生的主体地位难以真正得到体现。而他们在四节课的自主合作学习中，拥有了大量的课堂时间，他们相互切磋，共同提高。他们在学习知识技能等的同时，也在学习交往，学习倾听，学习尊重他人，不断地完善着自我。

教师课堂教学技巧的培养和提高

把课堂还给学生，抓住了教学的主要矛盾，让学生的主体作用得到充分发挥，巧妙地运用了学生与学生之间的互动合作，传统课堂许多原先由教师完成的工作由学生小组来完成，教师真正成了学生学习过程的促进者，而不再作为与学生并存的主体而使二者对立起来。

教师也会由此而使自身的工作负荷得到减轻，可以有时间研究教学问题，科学设计教学方案，进行教学改革，确保组织学习的质量。学生由于主体性得到了体现，自然会产学生求知和探究的欲望，会把学习当作乐事，最终进入学会、会学和乐学的境地。师生负担也可以由此大减，教师的良性循环也会因此而建立起来。

第三节　以"学生"为本设计教学内容

一、深入了解学生，找准教学的起点

教学设计首先要关注、了解教学的对象——学生，了解学生是否已经掌握了与要学习的新知识有关的基础知识和基本技能，学生是否已经掌握或部分掌握了教学目标中要求学会的知识和技能，有多少人掌握、掌握的程度怎样。只有准确了解学生的学习现状，才能确定哪些知识应重点进行辅导，哪些知识可以略讲或不讲，从而抓准教学的真实起点，根据学生的实际情况设计教学环节。学生的学习起点是影响学习新知识的重要因素，而现代学生的学习起点有时远远超出教师的想象，教师设计的教学起点就不一定是学生的起点。例如：学生在学习"一百以内不进位加法"时，许多学生在学之前，都能正确算出答案，一些学生还能把算理清楚地表达出来。如果还按教材安排的起点去设计教学计划，学生就会"吃不饱"。又如，一位老师在学习"元、角、分"之前，调查全班同学，结果发现，大多数同学不仅对元、角、分认识，还会使用、换算。全班49名同学都认识元、角、分等各种纸币、硬币，或多或少都花钱买过东西；全班有42名同学知道1元＝10角，1角＝10分，1元＝100分。如果把教学的起点定在"认识元、角、分"，显然不符合学生实际。为此，教师把教学起点调整为"用元、角、分纸币、硬币换算"，以小组的形式进行互相学习，通过换币、买东西、拍卖等游戏形式学习有关"元、角、分"的知识，用已有的

知识解决实际问题，使认知基础不同的学生都有提高，同时增强了学生的学习兴趣。

二、每堂课的容量要适当

在教学活动中，每堂课的教学时间都是有限的，一节课的容量是教师在进行教学内容设计时必须考虑的因素。多了教不完，势必"蜻蜓点水"；少了又太单薄，时间没有充分利用。所以对教学内容必须有所取舍。教师对教材的使用和取舍是对教材的二度开发，是一种创造性的劳动，凝聚着教师的学识和智慧，具体来说，是教师设定的整篇课文的目标和课时目标。根据目标决定取舍，有的内容尽管好，但与教学目标不符，就要下决心舍去。

现存有教学情况主要是偏多，追求一节课的"完整效果"，结果不是拖堂，就是浮光掠影。

下面我们就来看一个因安排了过量的教学内容致使课堂教学匆匆结束的教学案例。这是一位老师对于《那片绿绿的爬山虎》的教学后记：

《那片绿绿的爬山虎》是肖复兴在回忆自己成长过程中老师给"我"批改作文，并请"我"到他家做客的一个小故事，进而说明叶老的一丝不苟的作文和平易真诚的作人，这些深深地影响着小时候的肖复兴，使他走上了文学之路，开出了自己文学路上的硕果。文章篇幅较长，两件事既互相联系又相互独立，形散神不散。第二课时，我意欲让学生通过"叶老为我批改作文让我感受到了什么，你从哪里看出来？我与叶老的交谈又让我感受到什么，你又从哪里看出来的？"的问题，让学生在自读自悟中，通过反复朗读这两个故事，抓关键词语揣摩其含义，提供补充拓展资料，从而让学生感悟叶圣陶在作文和作人方面的品质，为下节课感悟含义深刻的爬山虎句子和课题"那片绿绿的爬山虎"的象征意义做好铺垫。于是这样的教学设计就被搬上了课堂，但是残

酷的现实让我猛然惊醒，冷漠充斥了我整个课堂。是什么造就了这一切，我没有考虑学生，我的问题难度太大，还是我……

　　文章篇幅较长，两件事既互相联系又相互独立，形散神不散。是基于这样的思考我选择让学生通过学习两个故事，为深刻的爬山虎句子和课题"那片绿绿的爬山虎"的象征义做好铺垫。但是40分钟的课堂怎么可能容纳60分钟的教学内容：首先文章较长，再加上故事本身没有什么吸引力，散文不像散文，故事不像故事，学生可能从来没有接触过，要完整地读完课文就得五六分钟；两个故事相辅相成，只有在深入读懂第一个故事的同时，结合关键词句体会叶老的严谨认真、一丝不苟，才能为第二个故事的学习达到水到渠成的效果，因此必须为学习"修改作文"花一定量时间，而第一个故事是本课时难点的集中处，体会叶老如何修改作文是本课时要完成的教学目标，而更难的是在感悟的同时还要让学生了解叶老的人品。再加上第二个故事中一些陌生词汇的理解，都使这堂课有了过重的负担。于是这样过量的文本内容必然会使学生不负重荷，这堂课最终是以失败告终了。

如果这位老师当时能根据学生学情，果断地将文本内容切割成两个课时，舍得花时间让学生扎实地学习第一部分"修改作文"，然后在第二课时再来研读第二板块，可能其结果会比它好，起码老师可以停下来去看看学生的眼中的情绪。然后及时调整，应该会取得不错的教学效果的。

三、板块化的教学内容设计

　　受传统教学的影响，教师在设计教学内容时，往往喜欢遵照教材安排的顺序安排所要教授的知识内容，喜欢环环相扣，形成一种"线性序列"，这样必然会导致课堂教学的刻板化和学生学习主体地位的丢失。教师对知识的外延和内涵要有充分理解，在对学生思维作必要预测的基础上，将各知识点设计成若干内容板块，分布在教学各环节中，视学生课堂实际反应进行"块移动"，教师愿意去倾听学生的"发现"，并根据学生的实际情况

及时调整课堂教学。

在《土壤中有些什么》的第二课时土壤中非生命物质的教学中，土壤中的非生命物质，主要指的是空气、水、有机物、矿物质等，教科书为老师计了一系列实验，先易后难地引导学生对土壤的组成物质进行不断深入地认识。教学也就往往设计单一化的教学方案，依次讨论设计实验方案，并通过老师实验证明。

如有的教师用课件代替实验演示实验过程，这样的教学流程和教材上教学材料的主观顺序基本一致，尽管整个教学过程可在教师的指导下有条不紊地进行，但这仅仅从知识内容出发，离开了教与学的具体行为，特别是低估了教学对象的复杂性。其实这节内容学生对土壤的基本组成还是有一定的生活经验和实践积累，并不是一无所知的。

上述设计可具有更大的弹性，学生可以通过自己已掌握的知识猜想、设计，班级分小组对四个"板块"的内容（土壤中的组成）同时进行设计、实验并证明，学生可根据自己的能力有选择地设计实验方案。这样让学生在实验中"自主"地认知土壤的基本组成，共同完成本节内容，体现自主合作，探究的新课程理念，不是单一地在教师指导下逐步学习。

下面案例中的这位小学教师就能很灵活地进行知识板块的结合教学，借得我们借鉴：

> 新的教材上并没出现《生活中的数》单独一节课的内容，而是把这个内容分散在学 6 和 7 的认识、6 和 7 的加减法和 11 ~ 20 各数的认识后出现了一小块的生活中的数这个内容。本着为了让学生更好地体验数学在我们身边，感受数的活力和魅力，体验学数学、用数学的乐趣，我把这三小块的内容并在一起上了一节《生活中的数》，取得了较好的教学效果。

一位地理教师也曾经根据实际情况对教材进行加工，重组教学内容，改变教学顺序：

我过去曾有意识地把乡土地理放在开学之初来进行讲授，目的是让学生通过接触身边的地理事物去了解学习地理的基本方法。如通过画简单的平面图（教室、学校）和路线图（家庭到学校）学习地图的基础知识；通过画气温曲线和降水柱状图了解北京的气候特征；通过看有关影片（《首都北京》等影像、画册来增加感性认识，并组织讲座活动（如"北京街道故事"等）来丰富学生对乡土的认识；最后组织了一次野外观察，让学生通过认识家乡的自然环境，了解了各种地形的概念。许多对乡土的了解是通过活动和学生自己谈话（包括对家长的访谈咨询）而获得的，因而学生学起来印象深刻而且饶有兴味。当时我把那些较难的知识和距学生生活较远的内容放到后面去讲，包括自己教学中较为成功的内容（如《日界线》等）。这种变动对我后来参与制订新的课程标准和编写教材有很大启示，因为它符合由近及远、由感性到理性等基本知识规律，对学生接触地理知识、培养兴趣、掌握方法都是有益的。我自己从实践中获得的认识对改革实验也是有利的。

四、设计贴近生活的教学内容

学生是学习活动的主体，而非模拟者。教学工作不应仅仅是由教师将一个个知识点传授给学生，而是应让学生充分运用已有的生活经验和知识基础，用自己的思维方式去尝试解决新问题，在体验中建立新的概念。因此在教学中，老师要创造性地使用教材，精心设计贴近学生生活实际的学习材料，使学生充分运用生活经验体验和感悟所学知识，是行之有效的以人为本的教学。

我们来看一位老师关于"按比例分配"教学案例的片段：

老师（拿出10根圆珠笔芯）："昨天梅鹏和胡浩的作业做得真好，我想把这10支圆珠笔芯奖给他们俩，该怎么分？"

学生甲："每人5支。"

学生乙："把圆珠笔芯平均分给他们俩。"

老师："说得真好，老师10支圆珠笔芯平均分给他们俩，每人5支。"（板书"平均分"，把圆珠笔芯分给两人）

老师（再拿出十支圆珠笔芯）："我还想把这10支圆珠笔老师奖给上次"平时成绩"总分第一、第二名的同学，应该怎么分？"

（学生在下面议论争辩分法）

学生甲："我认为不应该再平均分。"

老师："为什么？"

学生甲："那不公平。"

老师："那该怎么分？"

学生乙："我认为应该'三七开'。"

老师："'三七开'什么意思？为什么要'三七开'？"

学生乙："就是第一名得7根，第二名得3根，那才显示出第一名的实力。"

学生丙："我认为应该'四六开'，第一名得6根，第二名得4根，差距不能太大。"（学生都认为比较合理）

老师："这还是平均分吗？"

学生齐："不是。"

老师："那可以叫什么呢？"

学生甲："按个人成绩分。"

学生乙："按一定的比来分。"

老师："说得真棒。'三七开'就是把10支圆珠笔芯按怎样的比来分？'四六开'呢？"

学生："'三七开'就是把10支圆珠笔芯按3：7的比来分；'四六开'就是把10支圆珠笔芯按4：6的比来分"（学生说，教师板书）

老师："那平均分就是把10支圆珠笔芯按……"

学生接："1：1 来分。"

老师："生活中有很多这样的例子，需要把某一样事物按照一定的比来进行分配，比如：有两台同样的播种机种地，甲台播种机工作了 4 小时，乙台播种机工作了 3 小时。共得酬金 210 元。这些酬金两位机主能平均分吗？"

学生齐："不能！"

老师："那该怎么分？"

学生："把 210 元酬老师按他们的工作时间来老师配，多劳多得。"

老师："你真棒！（板书：把 210 元酬金按工作时间来分配）像这样把一样事物按照一定的比来进行分配叫做按比例分配。"

（板书课题）

案例中的老师引用了一些贴近学生生活实际、学生喜闻乐见的学习材料，让学生去探讨，当他们用平均分的思想去思考时，就产生了矛盾，发现平均分有时并不合理，由此，他们自然而然地用生活中朴素的语言描述了按比例分配的本质问题，使教师取得了很好的效果。将生活中学生熟悉的事物选为教学内容，让学生觉得其实数学离他们很近，在此基础上的学习活动是现实而有意义的。

五、设计具趣味性的教学内容

课堂教学应当具有趣味性，一堂成功的课堂教学不会是枯燥、乏味的。在学生中，课堂教学更是注重具有趣味性。我们以日常学习中阅读教学内容的选择来说，首要的就是考虑学生的兴趣。在所选择的课文当中，哪些东西是孩子感兴趣的，教师要把孩子的学习兴趣调动起来，有滋有味地来学习课文。但学生的兴趣点有时会与教学重点不一致，这时就需要教师运用教学机智化解这种矛盾。

我们来看看下面这个案例：

《三个儿子》讲述的是前苏联的儿童故事。这篇课文教学的重点是让

学生讨论"老爷爷为什么说只看见一个儿子"。可是有的学生兴趣不在这里。我们听课时发现，有的小孩子提出的问题很古怪，比如"一桶水很重，妈妈拎不动，一个孩子怎么拎得动？"有位老师做得好，就想办法化解这个问题。老师说："这桶水很重，妈妈拎不动，小孩子拎得动吗？确实也拎不动。这个孩子可能拎着这桶水只能走几步，只能走几米。但是他为什么还要去拎呢？"孩子们说："他虽然只能走几步，只能走几米，但是他拎几步，也就帮妈妈减轻一点负担，让妈妈少受点累。这个孩子哪怕拎不动，也要帮妈妈去拎。"这样，老师很巧妙老师把学生提出的一个比较古怪的问题，转化为了跟课文的人文内涵相一致的问题，把学生的兴趣点引向了教学重点。这就是教师教学智慧的体现。

由此，我们不难得出这样的结论：教师在进行课堂教学设计时不仅要突出教学内容的趣味性，在教学过程中当出现学生的兴趣点与教学设计不一致时，还需要机智地化解矛盾，把学生的兴趣点引向教学的重点。

第四节 随机应变地调整教学内容

课堂是一个动态的过程，课堂教学进程是预设和生成的辩证统一。对于学生的学习情况反馈，只要有利于加深学生对教学内容的理解和感悟，教师就要抓住它，随机调整教学内容，而不必担心教学的进程偏离先前预设的轨道。

下面就是一个及时调整教学内容的案例，并取得了不错的反应：

> 吴老师在数学中教学"十几减6"时，教学设计是在教师指导下，让学生共同学习。可是，刚出示例题，几位学生脱口说出了结论，吴老师意识到学生已有十几减8、十几减7的知识基础和生活经验，所以，能独立学会今天的内容。于是，吴老师及时调整教学方案，让学生自由发言，学生们有的说道理，有的出题目互相考问，有的甚至向老师挑战，所问的内容也跳出了这节老师的知识，甚至是没学过的，学生的主动参与学习的程度相当高。

案例中的这堂课完全脱离了原有的教学设计，是一个意外的信息，让老师调节了教学的行为，改变了一堂课的进程，取得了不错的成绩，这是一次成功的尝试。

一堂课的成功与否，不仅体现了教师对教学内容研究水平的高低，也

体现教学应变的能力。当然课堂教学的最终结果还是要通过学生学习后的变化反映出来。教学内容是学生全面发展的文本载体，而不是教师进行教学的最终目的，从课堂教学的一般意义上讲，教学内容要围绕着学生发生关系，如果教师所准备的教学内容与学生实际发展出现了不和谐的因素，就要及时调控原有的教学内容，把握突发的教学素材，引导和利用突发因素，促进学生的发展。我们再看另外一个案例：

　　一次在上课的时候，我正引导学生进行提问，并且提示着学生对我将要讲的教学内容进行思考，其目的是导出我所精心准备的教学内容，然后就可以顺利地展开一堂我所预想的课，好让我的课前准备的心血没白流，毕竟这是我辛勤劳动的结晶，我是这么想的。正当我暗自为自己的准备感到欣慰时，突然一个学生的问题破坏了我原来的准备。学生提出的是关于国外教育的问题，对于国外的教育现状，我也只是从一些报刊杂志和一些专家的论述中了解一二，其中的详细情况我并没有真正意义上的接触。我本来认为只有一个学生提出来罢了，其他同学未必感兴趣，谁知这位同学的提问就像一块石子投入平静的水中，顿时在班内激起千层浪，引起许多同学的提问，课堂的气氛立刻活跃起来，完全破坏了我的教学思路。太出乎我的预料了！既然学生已经被这个话题激发了兴趣，热情高涨，我何不充分的利用这个话题呢？于是，我就现场组织了一次以话说国外教育为主题的谈话活动，学生所知道的国外教育情况详情竟也大大出乎我的预料，学生从国外教育的内容、方式方法到课堂教学的组织形式谈得头头是道，有的学生还亲自到国外的学校参观过，亲眼目睹了国外的教学；有的同学从网上获得国外教育的有关资料；有的同学是从亲戚朋友那里听说来的；有的同学是自己阅读过一些这方面的资料，学生对国外教学组织形式的多样化非常感兴趣，最感兴趣的要数国外教学内容的容易性，更加引起了部分学习上有暂时困难同学的注意。在与学生的交流中，学生都积极发言，连平常发言较少的

学生也谈了自己的看法和想法，整个课堂呈现出一股浓浓的热烈的氛围，我被学生踊跃的发言深深地感染了。学生学习的途径和方法如此的丰富，学生的视野如此的开阔，提出的观点如此的独到，思考的脉络如此的清晰，联系实践的能力如此的强，发言的激情如此的高涨，这在我课前准备的教学内容中远远没有料想得到。学生在交流碰撞中还提出了反问，就是在我们自己的教学中能不能引进国外的一些做法，比方说进一步降低教材难度，压缩课堂教学的课时，扩大学生的实践活动时间，增强学生学习活动的自由度等，我也谈了自己的一些看法，也引导学生注意从国家的不同国情来思考教育的不同，一堂课下来，我与学生是在轻松愉快、激情澎湃的心情中落下帷幕的。师生都得到了一次生命的升华。

在案例中，老师及时地调整了原有的教学内容，抓住了现实发生在学生身上的鲜活的教学内容，运用教学内容的辩证观，收到了良好的教学效果。

第四章　教学内容的设计

第五节　教学内容选"点"得当

一、教学内容要突出重难点

组织教学内容是教学设计的一项重要工作。在选择组织教学内容时，教师先要分析教学中的重点和难点，并通过合适的内容有效地突出重点、突破难点，创造性的组织课堂教学内容。

看看下面这个案例中的教师是怎样组织"比一比——求平均数"一课的教学内容的：

> 上课伊始，把男女学生各分成3组（男学生每组5人，女学生每组4人）进行夹玻璃球比赛，由每组的记录员记录比赛的成绩。根据每组夹球的总个数评出男女学生的冠军组。再从男女学生的冠军组中决出最后的赢家。由于男女学生冠军组的人数不等，根据夹球的总个数确定最后的赢家是不公平的，由此引出问题——求平均数。老师出示两组夹球情况统计图，在老师学生共同根据统计图合作探究出求平均数的方法并理解了平均数的意义之后，让学生解决三个实际问题——求平均气温，求5名同学的平均身高，求同学们平均每周的饮水量。
>
> 之所以如此组织教学内容，是因为该教师首先认真地分析了教材。在前几册教材中，学生已经掌握了收集和整理数据的方

法，会用统计图和统计表来表示统计的结果，并且根据统计图表提出问题、解决问题。而本单元的教学内容是在学生已有的知识经验基础上，利用统计图中的信息，理解平均数的含义，探索求平均数的方法。为了让学生认识平均数的特征，教材结合"比一比"两个组投篮球的情况，根据统计图看出哪个组学生的整体实力强，引出平均数的概念，让学生体会到学习平均数的必要性，并理解平均数的意义。为了让学生真切地体会到学习平均数的必要性，教师没有让学生比较两个组投篮球的情况，而是现场组织学生分组进行夹玻璃球比赛，以激起学生的参与热情。在根据夹球的总个数确定男女学生组各自的冠军时，问题是很容易解决的，但在是否可以根据夹球的总个数确定最后的赢家时，则能引起学生的思维冲突，从而引出问题——求平均数。为了让学生自主探究求平均数的方法，案例中的教师为学生准备了男女学生冠军组夹球个数的统计图，让学生通过观察探究求平均数的方法。为了更好地理解平均数的意义，掌握求平均数的方法，教师最后又安排了三个简单的实际问题让学生独立解决。

在课堂实际教学中，面对不同的学生，重点、难点也会有所变化。教材是落实教学大纲，实现教学计划的重要载体，也是教师进行课堂教学的主要依据。教材内容仅是教学内容的一个组成部分，而不是全部，教学中如果过分拘泥于教材，只把着眼点放在理顺教材本身的知识结构上，对教材内容的处理大多只局限于补充、调整一些习题，不敢更改例题，更谈不上结合生活实际编写例题。事实上，尽管教学内容主要来源于教材，但教师可以根据实际，对教材内容有所选择，科学地进行加工，合理地组织教学过程。如：改变课堂的教学顺序、结合实际情况或学生感兴趣的问题设计练习或例题、重新组合教材等。

同样的教材内容，同样的学生基础，由于教师对教材的不同处理，教学效果就不一样。我们来看看下面案例中的这位教师是怎样做的：

在学习三步计算试题时，我在所教的两个班四（3）班和四（4）班进

行了对比实验。

（1）前测：学生已经熟练掌握了四则计算顺序，对做数较大的计算题有畏惧情绪，错题率较高（每班每次作业有半数人有错）。两个班同学的计算能力、计算水平基本相同，具有较强的同质性，匹配较好。

（2）教师实验：实验班（3班）我没有按例题编排顺序一步一步地讲计算规则，而是出几道相关的一步、两步计算试题，请同学以小组为单位组织编题，看哪组编的题多、形式多，这样一下就调动了学生的创作欲望，每组编出了十几道试题。全班汇总后，请学生挑出没见过的、有疑问的几种形式的试题试做，并讨论总结出好的计算方法。课堂效果：完成了两课时的教学任务，教学重点突出，难点突破。学生喜欢做自己编的试题，强烈的探索欲望，使他们非常全面、准确地找出了计算规则，而且还总结出易错点，怎样做又省事又不容易出错。总结之后，学生意犹未尽，还要求再编、再做。

控制班（4班）采用常规教学手段，按顺序两课时完成课本的4个例题，教学形式是小组讨论，按教师的要求把准备题改编成例题，学生试做，教师讲解计算规则。

课堂效果：学生的积极性、兴奋程度一般，按老师的引导一步一步地做题，完成教学任务，重点突出，难点突破，学习的主动性不高。

（3）后测：运用问卷调查实验后对学习数学、做四则计算试题的兴趣，测试学生实验后的学业成绩，对学生的作业追踪观察。

（4）实验结果及分析

实验班的学生测验成绩明显优于控制班的成绩（实验班有50人，有35人全对，控制班49人有20人全对）；实验班同学对做四则计算试题的兴趣、信心高于控制班，实验班的作业质量也优

教师课堂教学技巧的培养和提高

于控制班。

实验表明，教师在设计教案时，在领会教材意图、完成教学任务的前提下，分析教材不足，敢于调整教学顺序，重组教材内容，突出重点，突破难点。对于一些不切合学生实际的教学内容、题材应作调整、修改和补充，不必恪守一例一课，照搬教材。因为只有从学生的实际需求出发，才能激发学生的学习兴趣，调动学生主动参与学习的积极性。学生的学习兴趣是学好知识、提高能力的关键，学生一旦对学习产生兴趣，他们会主动探索，克服一切困难，充满信心地学习，变"要我学"为"我要学"。

二、选"点"贵在以少胜多

课堂上较多见的是"推土机"——只有浅表层面的推进，教师讲究面面俱到，反而容易使所学知识流于表面化，在课堂上较少见"打桩机"——抓住一点深入开掘。俗语有云："伤其十指，不如断其一指。"一节课选的点不宜过多，贵在以少胜多。选什么"点"大有讲究，以语文这门学科为例，教师在教学中就要选择兼具人文内涵和语言因素两方面都有教育价值的材料，至少也是在某一方面有价值的材料。这种语料一般是材段，至少也应是句子，避免孤立地抓几个词语。

选取的"点"不一样，教学效果差别就很大。下面我们来看一位教师在听完两位教师教课后的评价：

> 《揠苗助长》和《守株待兔》这两个寓言我们大家都很熟悉，我在听课的时候发现，两位老师分别教这两个寓言，选的点不一样。
>
> 教《揠苗助长》的那个老师，他选的点是那个农夫怎么到田里去拔禾苗，把禾苗一根一根往上拔。让孩子反复读这几句话，然后想象，这么热的天，顶着太阳，他要到田里边把禾苗一根一根拔起来。在这里展开想象，对体会《揠苗助长》的这个故事的寓意有多大的意义呢？我觉得意义不是很大。因为《揠苗助长》

这个故事，重要的不是花了很大的力气去拔苗，而最重要的是虽然做了这么的辛苦工作，但却是错误的工作，最后这些禾苗都死了，这才是寓意的所在。让孩子花大量的时间去想象，这个农夫是怎么拔苗的，意义就不大。所以这个点就选得不是太好。另一位老师教《守株待兔》，让孩子想象的一个点，是这个农夫守在树下，天天等兔子来，他等了一天兔子不来，这个农夫会怎么想，怎么做。孩子说，他坐在树下，等啊等啊，兔子就是不来。他又想，兔子说不定什么时候就来了，我还是等着吧。回头看看，田里的禾苗一棵一棵都荒芜了，但是他还是不去种田，还是坐在那儿想等兔子撞上来。让孩子在这个地方老师挥想象，就比较有意义。这个农夫，他老是在做那些不切实际的幻想，在等待那种不太可能再来的偶然的机会，这正是寓言的寓意所在。

从这两位教师的教学过程与教学效果的对比中我们可以看到，课堂上选哪一个点来进行教学，效果会大不一样，因而教师在选"点"时要准确、适当，除此之外教师还要对所选之点深入挖掘，引发学生思考，顺利完成教学目标。

第六节　慎重引用课外资源

　　教师做教学设计时，为了丰富课堂教学，常会引用一些课外资源。在引用课外资源这个问题上，我们要具体情况具体分析，并不能一味地引用。

　　柳宗元的《江雪》是这样写的："千山鸟飞绝，万径人踪灭。孤舟蓑笠翁，独钓寒江雪。"学习这首诗，很多孩子会提出这样的问题：这么冷的天，鸟都飞走了，路上也都没有人了，这个老翁为什么还在江上钓鱼？这个问题孩子们会有多种答案。有的孩子认为，这个老人大概是家里太穷了，吃了上顿没下顿，这么冷的天，他还得出来钓鱼；有的孩子认为，这个老人大概是个钓鱼迷，他最大的兴趣就是钓鱼，不管刮风下雪，他还是要来钓鱼；有的孩子认为是别人不来，老人就可以独享一份清静……在学生那么多假设的基础上，老师介绍了柳宗元写这首诗的背景：柳宗元参加王叔文集团的革新，失败后被贬官湖南永州。他在永州感到孤苦寂寞，但是又不愿意跟那些贪官同流合污，借写这首诗寄托了自己清高、孤傲的思想情感。当老师把柳宗元被贬永州写这首诗的背景介绍给学生后，学生恍然大悟，原来柳宗元是借"孤舟蓑笠翁"寄托自己清高、孤傲的思想感情。

　　学这首诗，教师引进柳宗元这样简单的一个介绍是必要的，它能帮助学生更好地理解此诗的意境。同样是古诗，有的背景介绍就没有必要。王安石的《泊船瓜州》，有句非常有名的句子，就是"春风又绿江南岸，明

月何时照我还？"

有位老师介绍王安石的一个背景，讲了这样一段话：这首诗是王安石第二次出任宰相的时候，从离开南京的家北上，到江苏镇江的时候写的。王安石第一次做宰相，他推行变法失败了，最后被罢了官，现在第二次又要去做宰相，他的前途会怎样呢？有可能改革成功，所以王安石此去踌躇满志；也有可能推行变法，再次失败，前途未卜，所以王安石此去忧心忡忡。老师要求学生先用踌躇满志的心情读这两句，再用前途未卜的心情来读这两句，弄得学生一头雾水，不知道究竟该怎么读。

王安石第二次做宰相的介绍，对这首诗来说是不必要的。"春风又绿江南岸，明月何时照我还"，表达了一种人类千古不变的思乡之情，完全不需要涉及王安石的政治生涯。从这个案例当中可以看出，究竟要不要引用课外资源，教师需要慎重考虑，并非多多益善。

在著名作家萧红的一篇写景之作《火烧云》中，作家用优美的语言和生动的笔法，描绘出了一幅绚丽多姿的火烧云图景。这篇课文形象地描绘了晚饭过后夕阳西下时，天空中火烧云颜色和形状的变化，表现了人们对生活和大自然的喜爱之情。教师就可以适当地引进一些课外资源，如课前可以布置学生观察日出或日落的情景，着重观察当时云彩的颜色、形状和变化，并把看到的和想到的写下来，或画下来，上课一开始的时候让学生说一说。也可以用多媒体播放日出或日落的情景，再让学生想象和描述。因为日出和日落与火烧云有密切的联系。也可以让学生回家询问或上网调查关于火烧云这种自然现象，了解什么是火烧云，它有什么特点，这对于老师的教学和学生对本篇课文的理解和朗读是很有帮助的。引入这些资源不仅能激发学生的阅读兴趣，还能够从中了解学生学习的起点，以便根据学生的实际情况进行教学，以期收到更好的教学效果。

第五章　教师的语言表达技能

　　语言是人们交往的重要工具，是表达与思维的载体，承载着文化传承、匡正人本的使命。因此，语言是人类活动的重要组成部分。语言反映着个体的思想情感，表现着个体的综合素质，突显着个体的基本特征，在社会发展的历史中至关重要，可以说人类个体的发展史，即为语言的发展演化史。语言的能力和品质问题，一直是人类共同关注的重大问题。"工欲善其事，必先利其器"，这里的"器"，就是教师的语言。作为一名教师，要充分认识教师语言的重要作用，全面了解教师语言的含义、类型，用优秀的教师语言去实现教育教学。

　　教师是一种特殊的脑力劳动者。他们好比一个知识的中转站。教师把从书本、社会中学到的知识，贮存在他们的大脑中。根据教育教学工作的需要，教师对贮存的知识进行提取、加工、整理，然后再有计划有步骤地传输给学生。教师所从事的这种"传道授业解惑"的特殊工作，决定他们必须以语言作为履行职责完成使命的职业工具。巧妙的语言技巧会让教学更加生动。

第一节　　叙述性语言

　　叙述式语言是指教师在课堂教学中，将科学文化知识内容向学生作较客观的陈述介绍的语言。特别是把人物的活动和经历，事情的发生和发展或事理的变化过程具体表达出来，使学生获得脉络清楚、系统完整的有关知识或事实。叙述式语言一般可分为纵向叙述、横向叙述和交叉叙述。

一、纵向叙述

　　纵向叙述是指教师在课堂教学中，根据事理在时间上的联系性进行的叙述方式。纵向叙述适用于介绍具有时间性联系的事理知识，譬如历史事件、人物经历、故事情节、工艺程序、技术措施等。纵向叙述又有顺叙、倒叙、插叙、补叙等区别。

　　顺序是按人物的经历或事件发生、发展的先后顺序进行的叙述。它的特点是线索清楚、层次分明，符合人们认识事理的习惯，是一种最常见、最基本的教学叙述方式。

　　倒叙是把事物的结局或事件中最突出的片断提在前面，然后再按时间顺序叙述过程的起始和展开。其特点是突出结果，造成悬念，激发兴趣，引人入胜。

　　插叙是叙述事件时暂时中断原叙述线索，而插入另一事物的介绍和交待。其特点是加大了叙述容量，使叙述富于情趣和变化。不少教师都好用"课堂插曲"来活跃教学气氛，但要切忌故弄玄虚，离开主题。

补叙又称追叙，是指叙述到一定阶段，对前面的内容做某些补充叙述。其特点是位置后移，起丰富和补充作用。

二、横向叙述

横向叙述，又称并列叙述，就是根据事理的非时间性联系进行的叙述语言。横向叙述适用于介绍具有非时间性联系的事理知识。

地理知识的介绍常用横向叙述方式。譬如，北欧各国都是发达的资本主义国家。丹麦有发达的乳肉畜牧业和家禽饲养业。挪威的渔业和航运业久负盛名，石油是它的新兴的工业部门。芬兰利用本身丰富的森林和水利资源，发展了木材加工和冶金工业，芬兰还是世界上纸浆和纸张重要出口国之一。冰岛的经济以渔业为主。横向叙述按其所叙内容的逻辑关系，可有空间远近关系排列的横向叙述、内容主次轻重关系排列的横向叙述、因果先后关系排列的横向叙述等具体方法的区别。

三、交叉叙述

交叉叙述又称纵横向交叉叙述，就是把纵向叙述和横向叙述结合起来进行。其特点是纵横交叉形成立体网络结构。交叉叙述可分为纵纲横目式和横纲纵目式两类。

譬如，讲授中国历代教育家的思想，就可使用纵纲横目式叙述，即以历代时间纵向线索为纲，以各代著名教育家横向联系为目的进行讲述。而讲授西方近代各国教育发展史，就得采用横纲纵目式叙述，即以西方各国横向关系为纲，以各国教育的纵向发展为目的进行讲述。

第二节　描述性语言

描述式语言是指教师在课堂教学中把有关内容直观形象、生动逼真地描绘出来的语言。历史、语文等文科教学中用得最多。其特点是通过摹态传神，使学生如见其人、如闻其声，如临其境，从而丰富感知、加深印象，并受到强烈的艺术感染。描述式语言一般可分为以下几种：

一、引发性描述语言

新课的开始和新的教学环节的开始，经常运用引发性语言描述，或创造一种情景，激发学生的学习兴趣，或交代学习的任务和方法，对学生的感知和思维进行定向。

例如：

张文娟老师教授《铁的罪证》一课时，是这么导入的：同学们，上周我们观看了电影《紫日》，从中了解了日寇给中国人民带来的灾害。今天，我们将学习的《铁的罪证》也是揭露日寇残害中国人民，屠杀我同胞的文章。这段描述，联系了学生已有的生活积累，并使学生产生了一个悬念：《铁的罪证》讲的是哪些罪证呢？这样就激发了学生浓厚的学习兴趣。

二、承接性描老师语言

由一个教学环节过渡到具有转折性的另一个教学环节时，运用承接性的描述语言，使学生既能对前一个教学环节的内容有回顾机会，又能完成注意力的转换和思路的接通。

例如：

马老师在教授《飞夺泸定桥》一课时，从第一逻辑段过渡至第二逻辑段时是这么说的：赶在敌人前面到达泸定桥是我军战胜敌人的关键，那么我军是怎样赶在敌人前面抢先到达泸定桥的呢？这段描述性小结，促进了学生感受的深化。同时，又提示了段与段之间的联系，很自然地引出第二逻辑段的教学内容。

三、想象性描述语言

想象性描述是带有创造性的描述，是指教师根据一定的材料，结合自己的常识和理解，把想象中的情景描绘出来。但它要求真实准确，不允许胡编乱造，以免误导学生。

例如：

刘老师在教授《火烧云》一文时，是这么说的：晚饭过后，天边出现了火烧云，火烧云的颜色和开头变化极多，一会儿像一个天真活泼的小男孩，一会儿又像一个害羞腼腆的小姑娘……这段话能使学生伴随着教师的描述，产生角色效应，有身临其境之感。又如在讲授杜甫的《绝句》时，李老师作如下描述：这是多美的一幅图画啊！新绿的柳枝上成对的黄鹂在欢唱；一蓝如洗的天空，一字儿排开的白鹭，在自由自在的飞翔；凭窗向西远眺，终年积雪的山头，仿佛是嵌在窗框中的图画；门前的山脚下停泊着一艘艘远航的船只。这是诗人给我们描绘出来的一幅色彩鲜明

如画、动静有致、层次分明、意味深邃的立体画。这段叙述优美动人，把学生引入想象的空间，颇具艺术感染力，让学生自然融入教学情境。

四、讲解性描述语言

教师遇到教学重点、难点时，运用讲解性描述语言，能使学生有豁然开朗之感，对陌生的事物，对思想内容、对学习方法有更深入地理解。例如：

钱老师在教授《卖火柴的小女孩》时，在范读第 5 自然段时，有这么一段话：钱老师为什么一会儿读得较慢，一会儿读得较快？原因是头脑里出现了形象，于是边读边想，脑子里像过电影，书上的文字变成电影画面，一幕一幕地在老师脑海中闪现。头脑里有了形象，就自然而然地读出了感情。这段讲解性描述语言突出了对学生朗读方法的指导。

五、归纳性描述语言

在课的结束时，运用归纳性描述语言可使学生对学习作一番回顾，把所学的知识纳入自身的认识结构中。例如：

董老师教授《画杨桃》，在课的结束时，董老师作了这么一段归纳性的描述：作者对儿时画杨桃这件事留下了深刻的印象，又说教师和父亲的教诲使他一生受用。这是因为，他们的话告诉了他深刻的道理。紧接着董老师用幻灯打开并讲解本课所包含的哲理。这段话与幻灯片的同时使用使学生对课文的思想内容作了很好的归纳，使学生对课文内容留下一个完整的印象。

在阅读教学中，教师的描述性语言还可以使学生感受到语言的魅力，从而使学生不仅从课文中学习语言，还潜移默化地从老师的教学语言中学习语言，这对于不会运用描述语言的学生来说学习语言的效果会事半功倍。

第五章　教师的语言表达技能

第三节　说明性语言

说明性语言是指教师在课堂教学中向学生说明事物、解释道理的语言。它要对事物的形态、性质、构造、成因、种类、功能或事物的概念、特点、来源、关系、演变等作清晰准确、通俗易懂的解说剖析，以帮助学生加深理解、形成概念。说明性语言分以下几种：

一、定义说明

定义说明就是用简练的语言为事物下一个明确的定义，以揭示本质和内涵的方法。如："什么是词？词就是最小的能够独立运用的语言单位。"这种语言要求准确、科学，能把握事物的本质特征表达出来。

二、诠释说明

诠释说明是一种对事物各方面的特征作具体而详细的解说，以解决教学中的疑点或难点的方法。

例如：

余老师为了说明"确数"和"约数"的用法，运用了诠释说明的方法。余老师说："什么情况下用确数？什么情况下用约数呢？对客观事物的认识和了解达到了全面、精确的程度，应用确数说明，反之，就用约数说明。约数是力求近似全面、精确的一

种估计和推测，也是建立在科学计算和调查基础上的。'赵州桥建于公元 605 年左右'是说不能肯定到底建于哪一年，接近 605 年，或在前在后不几年。从实事求是出发，能用确数不用约数，不能用确数就用约数。用约数也是尊重客观事实的表现，同样是科学的。"

三、比较说明

比较说明是把两个或两个以上的，彼此存在一定联系或区别的事理放在一起，从对照、比较中说明它们各自的特点和区别的说明方法。比较有对比（正反比较）、类比（同类比较）、纵比（前后比较）、横比（左右比较）等不同方式，应用中要根据具体情况灵活使用。

四、分类说明

分类说明是为了提示事理的类属关系，把它分成若干个类别来加以说明，从而达到明确事物的对象范围或概念的外延情况的目的的说明方法。如三角形有锐角三角形、直角三角形、钝角三角形。分类说明又有上行分类、下行分类，一次分类、连续分类不同方式。

五、比喻说明

比喻说明是指运用恰当的比喻来揭示某一抽象事物含义的说明方法。它的特点是能把抽象的事物形象化，使说明显得生动、活泼。

例如：

> 郝老师在讲到 19 世纪末的英德战争时说："德国作为帝国主义筵席上的迟到者，根本不满足只得到一些残汤剩菜。它活像一个吃不饱的汉子，自然首先盯着英国那个大盘子——相当于英国本土面积 100 多倍的殖民地。"

此处教学语言比喻贴切，说明生动，精练地指明了当时英德之间的尖锐矛盾，以少胜多，令人回味。

六、举例说明

举例说明是指通过老师举具体、典型的事例来说明事物的一般原则、原理和特征的说明方法。选取的事例要典型，能反映事理之间的关系，针对性强并富于启发性，才能增强说明效果。举例可以把比较抽象的事物说得具体一些，有利于学生理解，特别是对于低年级学生，举例说明是必不可少的说明方法。

第四节　　评价性语言

　　评价性语言是指教师在课堂上对学生的学习行为进行勉励鞭策的语言。评价性语言以鼓励为主，对指误性的评价也尽量做到从正面入手给以鞭策性指导。评价内容要中肯，用词造句要恰如其分，有很强的分寸感。表扬性评价要热情真诚，充满希望；指误性评价要诚恳耐心，语重心长，充分体现教师对学生真心爱护的谆谆教导之情。下面介绍几种评价方法：

一、激励评价

　　激励评价是指教师在教学过程中，对于学生能说出正确的答案、见解、良好的表现都给以表扬、鼓励的评价。比如，经常说这样的话："你的声音真好听，如果能再响亮些就更好了。""多独特的见解！""你的发言真精彩！""今天大家讨论很热烈，说得很有质量，我为你们感到高兴。""听你们朗读是一种享受，你们不但读出了声，还读出了情，我真替你们高兴。"……由于知识水平的限制和个体的差异，学生发言不会都准确，有时离标准答案甚远，虽然学生的表现不理想，同样应以鼓励为主，用发展的眼光看待学生。

　　例如：

　　　　刘老师班有一个学生听写生字词语文得了55分，全班同学一致认为应该批评他，让他重新听写。刘老师笑眯眯地说："他得

了 55 分，可他上一次才得了 40 分，一下子提高 15 分，这是多么大的进步呀！凭这一点就应该表扬他。我想下一次的听写，他一定能得 70 分。"老师这样婉转地表扬鼓励他，一连几节语言课，他都能认真听讲，有时还举手回答问题呢。

在课堂教学中，老师还应创造性地运用体态语言对学生进行评价：如欣赏的眼神，满意的表情，鼓掌，竖大拇指，发自内心的微笑，连连点头、拍拍肩膀，摸摸头等，用这些细微的身体动作及时地与学生交流信息，同样能起到激励的作用。

二、启发评价

启发性语言评价是指教师通过语言来启发学生思考，帮助学生提高自学能力和思维能力。

例如：

教学《荷花》一课中，有这样一段课文："荷叶挨挨挤挤的像一个个碧绿的大圆盘。白荷花从这些大圆盘之间冒出来。"何老师为了引导学生理解"挨挨挤挤"一词，不是让学生表述词义，而是采用做游戏的方式，让学生把对这个词的理解表现出来。同时，何老师有意识地误导，充分利用评价的语言去启发，让学生加深对这个词语的理解和记忆。

老师："请把自己制作的荷叶娃娃贴在黑板上。"

学生："争相上讲台贴荷叶娃娃。"

老师："哟，这里的荷叶娃娃太多了，靠得这么紧。"

(何老师老师手摘下一些荷叶)

学生：(着急地)"老师，不能拿掉!"

老师：(奇怪地)"为什么?"

学生："'挨挨挤挤'是你靠着我，我靠着你。这样就不是挨挨挤挤了。"

老师："噢，明白了。(补上摘下的荷叶) 现在，我们分角色

把这两句话的意思表演出来，好吗？男同学演荷叶，女同学演荷花。"

学生（边背诵边表演）坐着的荷花娃娃手牵着手或肩并着肩，还不住地随老师飘荡；荷花仙子或慢或快地从密密的荷叶中冒出来。

老师（采访一名演荷花仙子的女学生）："你刚才为什么'冒'得那么慢呀？"

学生："因为我周围的荷叶太多了，挨挨挤挤的，他们挡住了我，我好不容易才拨开他们冒出来。"

老师："你能从茂密的荷叶中冒出来，可真不容易呀！"

三、判断评价

课堂上，学生听了老师和同学朗读、回答、说话、或者看了学生的表演后，教师常常让学生进行评价。如：他的回答好在哪里？你可以给他提个建议吗？朗读的时候，你认为什么地方需要提醒他？你觉得老师读得怎样？能给老师提意见吗？你觉得他朗读能得多少分？为什么？你看了他们的表演，觉得怎么样？还可以怎样改进？这样，通过学生自评、互评、师评等方式，让学生去判断、分析，找出优点，指出存在的问题，进而促进学生的发展。

四、批评评价

批评语言评价是指在课堂教学中，教师提出的问题，学生没有正确回答时，教师作出的善意的批评语言评价。

例如：

王老师班里有一个叫肖敏婷的学生，一次上语文课，王老师请她读课文，她断断续续，读错了好几个词语。王老师随口就"哎呀，怎么连书都读不通？真是的！"她马上眼泪汪汪，王老师立刻意识到这句话说过了火。并马上道歉："对不起，我太急了，

请原谅。因为我教你的姐姐时她是表演天才，她一边读一边做动作，读得可美了。所以我想你也一定像你的姐一样把书读好的。"她深受感动，再一次让她读课文时，有腔有调地读了起来，令大家刮目相看，有感情又准确流利。课后，她常常自己练习朗读，朗读能力进步很快。

五、否定评价

否定性语言评价是指在教学中教师对学生的学习过程给予否定性评判，也是教师给予学生自我反领悟的反馈，从而引导学生对自己的学习活动作出调节。心理学家认为："学习也是学生不断尝试错误的过程。"因此，在对学生进行真诚赞美的同时，善意的否定性评价也是必不可少的。

其实，否定性评价语言的确不应拘于一种形式，教师应创造性地对学生进行评价，用自己内在的魅力激励学生积极主动地参与课堂教学活动，使教学达到令人难以忘怀的艺术境界。切忌像有些教师一样进行"一刀切"——全盘否定，强迫学生服从"更改答案"这个苍白的"命令"，我们要允许学生犯错，对学生的错误尽量不要说："错"、"这么简单还不会"、"你是怎么听的"这些武断的否定性评价语言，特别是在低年级教学课堂中更是不能使用。

自尊、自信是人类心理结构的重要组成部分，是人类自我意识的关键所在。低年级学生，心理上处于不成熟阶段，他们具有强烈的自尊心和自信心，教师的一句"你答错了"无疑给他强烈的答题欲望和学习兴趣浇上了一瓢"冷水"，而幽默的否定性评价却是给天真的学生一种乐于接受的正确导向。

第五节　语言技巧的运用

教师应该根据不同的课堂教学状况采用相应的教学语言。下面我们分别介绍八种语言教学技巧。

一、比喻

运用比喻手法说明事理，能够深入细微地描摹事物情态，穷形尽相，给人以哲理的启发、形象的遐想，收到以一当十、引起学生兴趣的效果。在教学中，比喻的目的就是用学生所熟知的事物来描述学生不熟悉的、抽象的事物，以此来增加学生的感性认识，使其能更好地理解抽象的知识。

二、变调

语调是语言的组成要素之一。教学中语调要富于变化，有声有色，增强教学语言的感染力。

有位意大利演员登台表演数数技艺，按照数目的顺序从 1 数到 100，本来平淡的数学数起来肯定枯燥无味，但他却通过非同寻常的多变的语调，把数数变得有声有色，使台下的观众听得津津有味。

变调是提高语言艺术的一种行之有效的方法。教学时，要注意根据教学内容和教学的进展情况不断地改变语调，运用变调来增强教学语言的表现力、吸引力。特别是语文课朗读课文，更是如此。高兴、激昂的时候，声音就高一些；深沉、悲哀的时候，声音就低一些。

例如：

　　《从百草园到三味书屋》这篇文章，前一部分写的是百草园里的自由快乐的生活，后一部分写的是三味书屋里枯燥无味、深受约束的生活。两部分表达的内容和感情色彩截然不同。因而我们在讲课时，无论是泛读，还是讲授都要用两种不同的语调和语速。前一部分用欢畅、活泼的语调，速度可稍快一点；后一部分用低沉、压抑的语调，速度可稍慢一点。这样，不仅使课堂教学富于变化，而且能启发学生较好地把握课文的写作特点和主题思想。

三、含蓄

　　含蓄是教学语言成熟的一种表现。教学语言准确、清楚较容易做到，形象、生动就稍难一些，而含蓄则是更难达到的一种水平。含蓄之所以难，是因为含蓄对教师语言表达能力要求的更高。教学时，教师既不能含糊其辞，又不能一语道破"天机"。我国宋代大文学家苏东坡说："言有尽而意无穷者，天下之至言也。"教学中的含蓄是一种意不浅露，语不穷尽，句中有余味，篇中有余意的状态，是启发的重要手法之一。

　　暗示和委婉是含蓄常用的手法，特别是当学生答错问题或者违反了纪律的时候，教师用含蓄的语言加以暗示或委婉地提出批评，其效果往往要比老师直接批评更好。

四、节奏

　　教学语言要有节奏，要长短结合，疏密相间，快慢适宜，随着教学内容和教学实际的需要时轻时重，时缓时急，抑扬顿挫，有板有眼。这样，学生大脑的兴奋点才能随着教学语言的语调和响度不断得到调节、转移和强化。

　　例如：

竖排：教师课堂教学技巧的培养和提高

王老师在小结一组散文时讲道："……这些散文,有表达愤怒的,有表达痛苦的,有表达悲哀的,也有表达兴奋、激动的……语调时而高亢,时而低沉,与感情的起伏一起构成和和谐的节奏和旋律。"

五、幽默

前苏联教育家斯维特洛夫指出:"教育家最主要的,也是第一位的助手就是幽默。"教育调查资料表明,几乎所有的学生都喜爱具有幽默感的教师。教师幽默的语言可以创设良好的教学气氛,含而不露地启发学生联想,出神入化地推动他们领悟知识,从而顺利地达到教学目的。另外,如果教师能够用微笑和闪烁着智慧的目光看待学生,用幽默诙谐的语言解释生活现象,则能对儿童的幽默感产生潜移默化的感染和熏陶,可以使孩子乐观、健康地成长,在面对未来的挫折时,能够心胸开阔,富有摆脱困境的信心和勇气。

需要注意的是,教师在课堂教学中的幽默,也要注意分寸,适应对象,情趣健康,和善坦诚。幽默不能滥用,为幽默而幽默,甚至走向无聊庸俗,反而会妨碍教学的顺利进行。

六、悬念

美国科学家本杰明·富兰克林说:"谈话艺术的第一要素是不让听众知道你接下去说什么。"教学语言同样追求这种悬念效果。在教学语言中设置悬念能够造成一种峰回路转、扑朔迷离的情境,可以调动学生的期待心理,激发学生积极思维,达到教学的目的。

例如:

刘老师在科学课上讲授《植物怎样传播种子》时,他先提出了这样一个问题:"请问同学们谁见过悬崖上、墙壁、屋顶上长

有植物的?"同学们争先恐后地回答。这时,教师再追问道:"是谁种上去的呢?"孩子们有些茫然,于是新课就开始了。教师设置式悬念激起了学生的求知欲,在学生想知而未知之时,教师的"揭谜"必然引起学生浓厚的兴趣。

教学语言中的悬念以其独特的魅力,紧紧抓住学生的心理,启发着学生的思维,调动学生学习的兴趣,使课堂教学如探幽穴、如观奇峰,变得更加引人入胜。

七、应变

课堂教学的情况千变万化,有时会遇到一些突发性事件。比如,难以回答的问题、出乎意料的恶作剧等。教师应该具有应变能力,能够运用教学语言来灵活巧妙地处理突发事件,化消极因素为积极因素,从而取得教学的成功。

例如:

欧阳老师在示范课《桂林山水》的教学中,展示一系列风光旖旎的桂林山水图片,深深地吸引了学生和听课教师。正当学生们激情高涨时,突然,固定幕布的铆钉掉了,幕布"啪"地一声,卷了起来,学生们一阵哗然,听课的老师也窃窃私语,老师显然有些吃惊,但随即就镇定下来。他灵机一动,幽默地说:"呀!钉子也有坚持不住的时候,影响了我们的讲课,但我相信,我们有理智的学生是能坚持这40分钟的,不会像这颗钉子,坚持不住就不负责任地溜了。"这老师一说,学生立刻意识到了什么,又开始认真听课。

欧阳老师很有教学机智,借题发挥,妥贴自然的三言两语,不仅解决了课堂教学的意外事件,缓解了学生因公开课而造成的紧张情绪,而且使学生从轻松风趣的话语中受到启迪,一举两得,让人折服。

第六节　讲课的语言艺术

一、讲课语言要精确

科学知识本身是严谨的、系统的，而教学又要求在规定的时间内完成一定的授课任务，这就要求语言要精确。

"精"是少而有分量，"确"是恰切地表达内容。讲课效果的好坏，不取决于话讲得多少，而在于是否击中要害，句句打在学生的心坎上。实践证明，老师讲得有分量，学生就愿意听；愈带关键性的话，学生就愈认真听，学生怕漏听一个字。反之，话的内容空洞，啰嗦重复，学生就觉得听不听都可以，思想就溜开了。所以讲课要句句有内容，紧紧抓住学生的思想，一层深入一层地把学生引向知识的深处。

当然，"精"决不意味着过分的浓缩，把语言弄得艰深难懂。讲课的语言应在学生能接受的情况下做到精。学生已知的东西，一言以概括之，恰切简明；对学生不懂而又必须掌握的东西，就要讲得细致深刻。有的教师，特别是新教师，讲课时担心学生听不懂，一个问题翻来复去地讲，本来能一语道破的，结果解释来解释去，反而把问题讲糊涂了。比如：

"予默然无以应。"（《卖柑者言》）教师解释说这里的"默然无以应"是哑口无言的意思，也就是张口结舌回答不上来。前句话本来解释得很清楚准确，加上后句的补充说明反而不确切了，

"默然"并无张口结舌之状。

有学生反映，有些语文课老师用语总是老一套，什么"结构严谨"、"语言精练"、"情节动人"等。这说明讲课内容不精确，有贴标签的现象。精确地传授知识，既与备课有关，也与老师语言有关。如果我们对教材进行了细致的分析，然后用精确的语言加以表达，那么语文课讲起来就不会是老一套了。仅就作品的语言来说，有的朴素清新，有的深沉浓郁，有的奔放雄壮，有的委婉含蓄，各有特点。如《荷塘月色》，语言简洁、洗练、明晰；《母亲的回忆》，语言质朴、平易；《五月卅一日急雨中》，语言含蓄而深刻；《藤野先生》，语言冷峻、深情，含义深长。总之，抓住作品的主要特色，用精确的语言讲述出来，语文课就不会是老一套了。

再如，有的教师讲课或回答学生问题时，好用"差不多"、"还行"、"大概是这样"之类的话，这不是讲课的语言。讲课的语言应是板上钉钉，准确无误。这并非要求教师强作解答，随意肯定，不懂装懂，而是说教师应在充分备课的基础上给学生以正确肯定的回答。如果教师还没弄清楚，那么就该搞清楚后再说，不要含糊其辞，似是而非。这是教师责任感的要求。

二、讲课语言要明白易懂

明白易懂跟精确不矛盾，讲课的语言既要有书面的精确，又要有口头语言的明白易懂，顺口悦耳，便于说、听和记笔记，这应是讲课语言的风格。有的教师上课时按讲课稿一字一句地念，学生忙着记笔记，根本没有思考的时间。长长的句子，一大串的附加成分，或一段话里插进许多解释，作为书面语言可能是严密的。因为附加成分多，可使句子细致严密；联合成分多，可把互相关联的事物连缀起来，气势畅达，这是长句的优点。但是，作为课堂教学的语言，长句讲起来不易听明白，记笔记也不方便，常出现学生记了前句漏掉了后句，听了前半句模糊了后半句，影响了教学效果。略举一例：

"诗人在这首诗中系统地、具体详细地给我们介绍了一个遭遇不幸的妇女与那个坏男人相识、恋爱、结婚以致后来被虐待、被遗弃的完整过程……"（《诗经·氓》的分析）

如把它改变一下，就便于说、听、记了"诗人在这首诗中，叙述了一个遭遇不幸的妇女的故事，先写了她同那个坏男人相识、恋爱，接着写他们结婚成家，最后写她被虐待、被遗弃，整个过程介绍得详细具体、系统完整。"

教师备课不能把书上的话照抄进讲稿就算完事，必须考虑语言是否明白易懂，考虑课堂教学的特点和教学效果。文词过雅，组织过严，概念太多，只抽象不具体，只深入不浅出等都会影响讲课语言的明白易懂。

三、讲课语言要生动，有启发性

讲课语言的生动与否，与教师的科学知识有关，也与教师的语文水平、讲话能力和技巧有关。拿语文教学来说，教师形象地复述作品的故事，联系学生的实际感受把学生引入故事的意境，恰当地联系自然、社会、生产和生活的实例以及讲述与课文内容有关的历史故事、历史人物、成语典故等，都会增加讲课的生动性，启发学生的思维。但是，如果教师没有好的口才，语言不生动形象，也会把生动有趣的内容讲得干巴，索然无味。对语文教师的语言要求比其他任课教师要高，讲课时老师要注意选词、句式和语言的感情色彩。教师应在讲述中适当加一些学生学习过的新词儿，使其加深理解。同时，对学生未学过的新词也应配合板书大胆使用，只要用得自然恰当，富有表现力，就不要避难就易，这不仅能增加讲课语言的生动性，而且也丰富了学生的词汇。有时仅是一两句笑话和诙谐话也能活跃学生的听课情绪，消除学生的紧张和疲乏，给学生留下深刻的印象。当然，与教学内容无关、节外生枝或无思想内容的庸俗的笑话是应排除的。

讲语文课不是发表演说，但是为了更好地引导学生领会文学作品的思想感情，使作品的艺术感染力得到更好发挥，教师的语言应与文学作品的

基调相一致，具有比较强烈的感情色彩，这就要注意用词和句式等。仅举一例：

"有日月朝暮悬，有鬼神掌着生死权……天地也！做得个怕硬欺软，却原来也这般顺水推船。地也，你不分好歹何为地！天也，你错勘贤愚枉作天！"这是关汉卿《窦娥冤》中的唱段。教师分析如下："看，窦娥的愤怒如火山爆发般强烈！她的控诉是多么有力，她的仇恨是多么深沉，她的抵抗是多么彻底！她斥骂和否定了封建社会中至高无上的天帝鬼神！她尖锐地揭露和批判了封建统治下的罪恶现实！"

四、讲课要注意语调

语调要有抑扬顿挫，声音的高低和说话的快慢要适度。平淡而低沉的语调易使教室里气氛沉闷，学生精神不振；声音过大易使学生疲倦。在讲授重点难点和问题承转处，在解释概念、公式、定理和定义处，说话要慢些，语调要提高些，以引起学生的注意，给学生更多的思考时间，字字句句在学生头脑中引起反响，留下印象。对于已知的、具体易懂的知识，就不妨稍快些，声音低些。当然，这种语调的变化要自然，不要忽高忽低，突快突慢，把一句话说得断断续续，只听其头不闻其尾，那就失掉语调的作用和意义了。为了做到既不中断又让学生记下笔记，可以适当重复或插进一些对主要内容的解释性和过渡性的话，以便学生在听课时能思考讲话内容，选择讲话要点，摘要记笔记，同时训练其听、写、理解、记忆等能力。

五、注意说话的态度，讲究说话的方式，考虑说话的效果

教师讲课是以学生为对象，以思想教育和传授知识为目的，故要重视这一问题，教师应用文明的语言和态度去改变现实中一些不文明的现象，而不能以不文明对待不文明。有的教师认为，有些学生说话粗鲁，文明礼

貌很差，因此对他们不需要讲究说话的方式、态度和考虑说话的效果，这是不对的，在建设社会主义精神文明中，教师负有重要的责任，在教学过程中，教师要言传身教，要讲究说话的艺术，讲课中要多诱导少责备，多鼓励少贬斥，不要用言辞伤害学生的自尊心和自信心。

教师讲究讲课的语言艺术，就必然给教学带来很大的吸引力，使学生全神贯注地沉浸在知识的海洋中，探索着知识的奥秘，感受到学习的乐趣，这也可以说是讲课的语言艺术所产生的效果吧！对学生首先要满腔热情，没有对学生的热爱之情，也就谈不上沟通感情。但只有感情还不够，还要达理，要善于析理说理。有情有理，寓理于情，情理交融，才可能达到批评教育的目的。

第三，因材施教的原则。每个学生都有自己的性格、爱好、思想基础、认识水平、接受能力，所以在批评学生时，先要掌握批评对象的心理特点，然后才能因材施教，有的放矢，选择最佳的教育方式，这样才能事半功倍。"说"是教师才华的直观体现。

第七节　　怎样与学生交谈

　　和学生谈话，是教师向学生进行教育的重要手段。怎样才能谈得拢，使学生乐于接受教诲，以取得最佳的教育效果，是每个教师都应重视和研究的学问。

　　有一位教师是这样和学生谈话的：

　　有个学生偷了同学的两元钱。当老师准备追查这件事时，学生悄悄地把钱扔在地上，然后又从地上拾起钱对老师说："是谁把钱扔到这儿了？"这一切老师都看在眼里，但当时并没有说什么。课后，他叫住了那个学生。那个学生马上紧张起来，左顾右盼，学生怕别人看见。到了一个僻静的地方，老师问："今天的事你会如实地告诉老师吗？"他没有吭声。老师又问："是你把钱扔在地上的吧？"他满脸通红，不敢正眼看老师。老师把看到的一切告诉了他，说明了当时没有点明的原因："想想，如果我当着大家的面说钱是你拿的，同学们将会怎样看待你呢？"那位学生的眼泪夺眶而出。老师见教育时机已经成熟，便进一步讲道理，帮助他认识所犯错误的严重性和危害，鼓励他改正错误。这以后，这个学生再没有出现过偷窃行为。

　　这个教师对学生所犯的过错，没有大惊小怪，更没有怒气冲冲地喝

斥，而是心平气和地和他交谈，帮助他认识错误，因而取得了良好的教育效果。从这位教师的谈话中看出，和学生谈话，应注意以下几点：

第一，要控制自己的感情。当学生犯了错误，特别是当学生不听规劝，甚至顶撞你时，应竭力控制住自己，千万不要说过火的话。因为教师一两句训斥、嘲讽、挖苦的话，虽然仅仅发生在几秒钟时间里，有时却可能影响学生的一生。

第二，要保护学生的自尊心。每次谈话，教师必须事先想好谈话的目的和内容，对学生的接受能力也要做到心中有数。对犯错误的学生，更要循循善诱，细心开导，启发学生自觉地接受批评。

第三，要注意谈话的时间和场合。和学生谈话，最好不要在学生刚犯错误之后。因为这时双方的情绪都容易激动，控制住就容易发生顶撞。可在情绪稳定之后，或稍隔一段时间进行。谈话的场合也要注意，应尽量避免在人多的场合。有的教师喜欢把学生叫到办公室，在众多的教师注视下谈话，结果造成学生思想紧张，达不到预期的效果。一般来说，比较严肃的事，应单独找学生交谈，以引起学生重视；一般情况可利用课外活动或劳动时间，也可借故与学生同路，与其作非专题性的交谈。

第四，教师的谈话要灵活多变，切不可千篇一律。对于那些性格开朗、易于接受意见的学生，可直接指出他们存在的缺点；对于那些"吃软不吃硬"或性格倔强的学生，教师要力求心平气和地和他们谈话，并且要避免顶撞；而对于那些"吃硬不吃软"或轻率的学生，就不能过于迁就或温存，批评可以言词严厉，但不能辱骂训斥、挖苦。

第五，和学生谈话，还要动之以情。有些学生经常听到的是批语、训斥，因而往往有戒心，认为人们都轻视他，讨厌他，对教师有对立情绪。所以教师要关心他们，信任他们，尊重他们，用爱的情感去开启他们的心扉。当老师真心实意地爱学生时，他们也就乐于敞开心扉，接受老师的意见。

下面，我们来看一位老师在如何在一次公开课上处理因学生不配合而出现的突发事件的：

教
师
课
堂
教
学
技
巧
的
培
养
和
提
高

在那个人所共知的年月里，一次观摩教学课上，我的学生刘×回答一个问题时，她十分勉强地站起来，说："不回答你。"我原以为是自己的耳朵听错了，忙说："什么？请你再说一遍。"那学生不睬，却又十分认真地说了一遍："我不回答你。"

这时，我才相信自己的耳朵。她的回答，虽然平静、自然，但却像热油锅里撒了一把盐，使本来问答和谐，并且肃穆的课堂顿时"开了锅"。有的学生在交头接耳，甚至嗤嗤讪笑；也有人怒目而视着刘×；前来观摩的领导和同事，也被这突如其来的"我不回答你"弄得瞠目结舌，有的摇头，有的惋惜，有人低眉蹙额，当然也有人悻悻然沾沾自喜。至于我自己，开初也如同被人从头到脚淋了一盆冷水，懵了。一堂呱呱叫的公开教学课被一句"我不回答你"给搅得一塌糊涂，一股无名火冲上头顶，脸红、耳热、心躁，不知所措。怎么办？如果说句"请坐"，固然容易，当时那些很具"造反"精神的学生，倘群起效尤，相继出现第二个、第三个，甚至更多的"我不回答你"，该怎么办？况且，对于这种不正常的情况，倘不予批评指正，作为教师岂不是失职么？但是如果就此问题发表意见，会不会失之于教育学所再三要求的不要被突然发生的意外情况所扰乱、分散了大多数学生的注意力呢？但我立刻觉得，回避或延缓解决，都不是办法。但怎样解决？发火？批评？这样做虽然来得痛快，但弄不好，不但不能解决问题，还会增加学生的对立情绪，更不足取。为此，只有通过冷静的思考、合乎逻辑的推理、全面的分析，才能开启对方的"金口"，既批评了她的不合作态度，又教育了大家，使教、学计划得以贯彻、落实。

于是，我迅速调整好自己的情绪，心平气和地问大家："同学们，我提的问题，难答不难答？"学生们异口同声地回答道："不难。"我又问："你们能回答我吗？"有的学生笑了，并回答道："能。"这表面看来简单的一问一答，却神奇地起到了两个不可估量的作用：首先，调动全体学生站在我一方面，起到了孤立

肇事者的作用，使教室里紧张得几乎要爆炸的空气变得缓和下来。接着，我对刘×说："刘×同学，既然你声明不回答我，必定是有其原因的，你能告诉我是什么原因么？"但她依然美滋滋地望着我，概不回答。我继续说："既然你不肯告诉我原因，让我分析一下吧。"我平静却动情地说："是不是作为一个教师，我有什么地方做得不好，不能为人师表，甚至玷污了教师的光荣称号，才使你这样做呢？"

我平时很注意待人接物，人格上无疵可挑，学生一向信任。我所以首先说出这一点，事实上是退一万步讲，是以曲求伸的策略。果然，这办法奏效，全班同学同声回答："没有——"而刘×大约也意识到了问题的严重，忙说："老师，没有的事，没有的事。"我庆幸她终于开了口。

我说："既然还称我老师，那么，你不回答我的问题，难道是有意要出我的丑么？——老师可实在不愿意你是这样的。"我把矛头及时地指向对方，"非此即彼"，但我又不愿意是彼，既表达了我的诚心，又指出问题，因此，使对方变得惶惑，忙说："不，不是。"

我进一步开导说："既然我称职，而你又不是有意出我的丑，那我就不明白你为什么要说'我不回答你'了。"那学生站在那里，两只手用力地扭呀扭，扭在一起。

"那么，让我分析一下你这'我不回答你'包含什么意思呢？"我说："我认为，不外有三种情形：第一，可能是我的启发式教学搞得不得当，问题提得过于浅薄，引不起你的兴趣，你不屑于回答，所以，才干脆说'我不回答你'的，是这样么？"

"不，不是。"她语调低沉地嗫嚅道。

"第二，是你会回答这个问题，但不想回答，所以才声明'我不回答你'，是这样么？假如你会回答，并且想回答，现在回答也不迟。"

"我，我不……"她第一次低下头去。

"显然，第二种情况也不是。"我说，"第三，可能是你根本就不会回答，但又碍于脸面，不肯承认这个现实，于是孤注一掷，企图以强硬的态度搪塞过去，但没想到我却这样认真。我所以如此，实在是不愿意看到你交不上卷子呀……"

"老师，您、您别说了。"她哽咽着，"请你告诉我这个问题该如何回答，然后，我再回答给你听，好吗?"她双眸中所流露的不再是傲慢无礼的神态，而是充满了悔恨、羞愧的感情和诚恳的求知之光。

俗话说，见好就收，既然学生态度已有改变，我就及时鼓励她努力学习，不要辜负了老师的期望。同时请一位平时学习不错的学生作了示范回答，刘×心悦诚服地复述了一遍。就这样，由"我不回答你"所掀起的大波比较满意地平息了。

我的临时处理方法，不见得是最高明的。因为当时正是张铁生之流掀起"闹而优则仕"和"交白卷当英雄"的浊浪滔天的时候，教师被称作"臭老九"，或充其量"升格"为"同一战壕的战友"的可悲年代，我自然有许多难言之隐和多种戒备，但不管怎样，我终于以语言逻辑的威慑力量，通过诱导与反问，开启对方紧闭的口，并使之自我否定，接受教育，也影响了全班学生。

这件事使我体会到，作为一名忠于职守的人民教师，在处理课堂上所发学生的不测时，需要沉着、冷静，切忌发火或言语失当；需要诚恳、真挚的感情；需要敏锐的观察、老师机敏的思维和灵活的应变能力；并且，尤其需要将上述的一切最后集中体现在诲人有术的口才上：这大概是我较为圆满地解决"我不回答你"的关键之所在吧。

第八节　批评与表扬的艺术

　　常有一些教师抱怨学生听不进自己的批评。其实，其原因并非全在学生身上，有时与教师的批评方式方法不当、批评缺乏艺术性关系很大。

　　社会心理学认为，人的行为一经发生，都希望得到肯定的反应。即使是成年人，也大多好被表扬而不愿被批评，何况中小学生——他们孩子气未脱，有时甚至需要"哄"呢！因此，要使学生接受批评，教师就必须分析和了解受批评学生的心理特点，努力做到与学生心与心交融、情与情沟通的境地。

　　有些教师一批评学生，脸上就现猪肝之色，口中便发雷霆之声，甚至污言秽语横飞，这是缺乏修养的表现。而有经验的教师都深知批评绝不等于训斥和责骂，也不等于讽刺和挖苦，更不等于拳头和教棒。他们总是和颜悦色，轻声细语，循循善诱，令受批评的学生心悦诚服。他们常常采用以下几种方法：

　　1. 不露声色地批评，寓批评于意味深长的话语之中，促使学生深思、自责。这种方法特别适用于那些天真幼稚、年龄较小的学生。据说，著名教育家孙敬修见几个孩子在折树苗，便把耳朵凑过去，装出听什么的样子。孩子们好奇地问爷爷在听什么？他说是在听小树苗哭泣。"小树苗也会哭吗？""是呀，你们折了它，它当然要哭。它们说，它们要快快长大好为祖国四化建设服务，请不要损害它们。"孩子们听了回答，都哭了，脸也红了。后来他们自动组织起护林小组。孙敬修可谓懂孩子的心，他未出

一句责备之言，却取得了一般批评所难取得的效果。

2. 借助于适当的寓言故事、历史典故、轶闻传说，或借助于批评别的类似现象，引起学生的联想、对照和类比，从而认识错误的性质。这种含蓄委婉的批评较之直来直去更易于接受。它可使学生通过反省和斗争，进行自我否定，常常获得深刻的印象。由于这种批评方法是旁敲侧击式的，因此有利于保护学生的自尊心。当然，此方只适用于那些有自知之明的犯错误者。

3. 对于那些自尊心受到严重损伤，完全丧失上进心，采取破罐子破摔的处事方法的学生，尤其需要理解、尊重。以表扬代替批评，倒也不失为良策。这可使学生振奋精神，看到前途和希望，使其濒临泯灭的自尊心得以恢复，从而弃旧图新，重新努力，决不要再次触动他那受创的心灵。要知道，批评过多，往往会失去其应有的效应的。

当然，这种表扬式批评首先要求教师深入细致地调查研究，一分为二地分析问题，从差生身上找到闪光点。批评那些应予批评的缺点、错误，表扬那些应予表扬的闪光之处，使学生感到老师的批评是公正的，恰如其分的，因而口服心服，收到良好的效果。

4. 法国著名演讲家海因·雷曼麦说过："用幽默的方式说出严肃的真理，比直截了当地提出更能为人接受。"批评同样需要幽默，幽默可以成为批评者和受批评者之间的润滑剂。鲁迅先生曾批评他的一位名叫川岛的学生时说："他不该把大部分时间荒废在谈情说爱上。"鲁迅先生的批评既一针见血，又语重心长。他的批评语言既有诗歌的节奏和韵味，又有相声般的幽默和诙谐，令人痛而不怒，在不免发笑的轻松气氛中受到教育和启迪。

5. 将心比心。教师与学生实行"心理位置互换"，是做好批评教育工作的关键。教师应经常想，假如自己处在受批评学生那种境遇和心理状态，将会如何想、如何做？这样推己及人，将心比心，就能使自己的批评热情变得诚恳，更具针对性和可接受性。受批评的学生感到教师的温暖，从而不存戒心和敌意，这就为接受批评提供了最佳的心理状态。

6. 捕捉最佳机会，注意批评的时间、环境和场合。能够不在大庭广

众之中批评的，尽量不在大庭广众之中批评，不必指名道姓批评的，尽量避免指名道姓。但这并不意味着不指名道姓，就可以对批评的内容不负责任。一定要有真凭实据，以免伤害了众人的自尊心，使人人自危，变成了谨小慎微的"君子"。

总之，人的思想是复杂的，批评也是需要灵活多变的。只有批评者具有宏大的气量和较高的修养，才能使批评扣人心弦，动人心扉，收到最佳的效果。

批评应该有一定艺术性，表扬也不例外。好学生是表扬出来的。表扬，可以使学生不断体验进步与成功；表扬，可以帮助学生有效地调控自己的学习过程；表扬，可以保证学生有效地获得知识；表扬，可以使学生获得成就感，增强自信心。

教育教学的各个环节都需要表扬，尤其是课堂教学更需要。在课堂中，老师们要用欣赏的眼光看学生，就会发现学生不一般的优点；用赞赏的口吻评价学生，就会在学生心中激起一朵朵浪花，就会让课堂活力四射；用发展的眼光审视学生，就会使每一位学生特别是学困生，获得满足，汲取前进的动力。然而，就在我们频繁地用"好"、"很好"、"不错"对学生表扬的同时，却发现学生起初萌芽的那一点自信心却慢慢淡化了，随着年级的升高，举手的人越来越少了，学生似乎对老师的表扬有点无动于衷了！难道是赞赏教育出错？不！其实，表扬是一门艺术，运用得当，锦上添花！运用不当，适得其反。那么，平时课堂教学中如何运用表扬语言，来调动学生的积极性和主动性呢？

一、注意表扬词汇的鲜活性，忌公式化。

当课堂上"好"、"棒"的简单而又笼统的表扬方式变成一种"表扬公式"习惯地作用于学生大脑时，他们对于只停留在形式上、口头上的表扬就会显得不在乎，也就提不起精神，而只会感到迷茫，久而久之，不仅不能产生积极的学习兴致，反而使他们的学习态度变得肤浅和随意应付！这就需要教者在课堂教学中恰当地为学生"加油"。

表扬时，要做到具体问题具体分析，运用得体确切鲜活的表扬语。如

当学生发言与众不同时，就这样对学生说："你能从不同的角度思考问题，可见你肯动脑筋、善于思考了，不错。"遇到学生的回答与所提出问题不符或答题与教学实际有所偏离时，这样讲："虽然你的话题不在我们讨论的话题内，但你有自己的见解，且能大胆地表达你的看法，可见你很有勇气！继续努力，相信你能行！"；当学生在某方面有特别表现时，就说："你真是我们班的小天才"、"你真是个小发明家"……在这些"加油"声中，既对学生给予了肯定，又能指出了学生存在的不足，赋予了老师真切的关爱。试想学生如能长期置身于这种被赞扬的氛围中，其积极的行为一定会愈来愈多，消极行为会随之减少。

二、注意表扬时间的恰时性，忌随处滥用。

在课堂中，特别是一些公开教学活动中，教师为了鼓励学生发言，课堂教学中会使用这样的表扬语："你真聪明，这么难的问题都能回答出来。"仔细推敲这句话，回答得出来，就因为聪明？殊不知，正是我们不经意的表扬，误导学生。以至于有的学生有了自己的想法，担心讲不好老师会认为不聪明，而不敢讲。一项研究表明，那些过少的被夸奖聪明的学生，不认为成绩不理想是自己不努力所致，而怪罪于自己不够聪明。所以，长期这样地表扬学生是欠妥的。教师在课堂上不能随意地表扬学生聪明，而要赞扬他们好的行动和思维品质，而非他们的天资。使学生有个明确的导向认识，认识到学习中更重要的是后天的努力，而非天赋。认识到后天努力不够，正是我们很多学生成绩不理想的重要原因。这样做对其今后正确的人生观、价值观、世界观的形成有很大帮助。

同时，注意表扬的时间性。在教学中，表现很突出的学生，回答完问题后，老师立即会这样说："你这个问题回答很正确，是因为你平时的积累，大家在学习中也要注重思考，注重积累，这样才能有所成"；学生回答问题不符时，老师会说："再思考一下，你的答案就会更贴切了！"这样做到对学生的表扬准确及时，让学生在第一时间纠正错误，体会愉悦，产生学习动力。课堂中，教师的表扬是要有价值的，不能随意滥用。做到该用则用，不该用坚决不用，把表扬用在"刀刃"上，有效有序地去推进教

学进程。这样做给每一个学生正确的引导，使他们认识到通过自己的努力，同样可以回答出有思考性的问题，同样也可以有出色的表现。

三、注意表扬范围的普遍性，忌专对优生。

课改的今天，对学生的评价已经发生质的变化，过去是单凭分数，而今天要全面客观地去评价每一名学生的每一方面。尤其对学困生，老师们更是要善于发现其身上的闪光点，促使他改正缺点，发扬优点。但是，那些优秀的学生在班级中总是会受到老师的钟爱。就连这些学生犯了错误，老师的处理有时也会"心慈手软"。其实，就像没有钱的人渴望得到金钱一样。学习成绩差的学生更渴望得到老师的关爱。老师在课堂教学中应该更留意那些学困生，留意想表现却又不敢表现的学生："你能站起来发出声音，这就是成功的第一步，相信你下一步的表现会更棒。"、"声音再大些，就会更好了!"、"他今天表现太棒了，给点掌声鼓励一下。"……多给成绩差的学生几秒钟，对他们在课堂上的表现教师要多几分耐心、多几分爱心。给成绩差的学生，表现自我的机会；给成绩差的学生，得到表扬的机会；给成绩差的学生，一个前进的动力。

第六章　教学媒体的组合运用

　　多媒体技术是一种把文本、图形、形象、视频图像、动画和声言等运载信息的媒体集成在一起，并通过计算机综合处理和控制的一种信息技术。多媒体技术是信息领域的又一次革命，在教学上，它既能向学生快速提供丰富多彩的集图、文、声于一体的教学信息，又能为学生提供生动、友好、多样化的交互方式。

　　多媒体是信息时代的标志，它和"信息高速公路"一起改变着我们的工作、学习、交往等，多媒体技术运用在课堂教学中本身就体现着时代性。它使教育教学的内容、方式与时代的特征紧密相连，这对于培养师生的现代意识，造就跨世纪的高素质人才有着重要意义。广大教师利用多媒体技术捕捉富有时代气息的教学内容来充实和丰富课堂教学内容。鼠标轻点，天下知识皆汇于咫尺荧屏，内容丰富而翔实，教师"如虎添翼"，学生"如鱼得水"。

第一节　教学媒体的发展与组合

媒体一词来源于拉丁语"Medium"，音译为媒介，意为两者之间。它是指从信息源到受信者之间承载并传递、加工信息的载体或工具。有两层含义，一是指承载信息所使用的符号系统，如文字、符号、语言、声音、图形、图像、软件程序等多媒体呈现时采用的符号系统将特定媒体的信息表达。二是指存贮和加工、传递信息的实体，如书本、挂图、投影片、录像带、微缩胶片、计算机磁盘等以及相关的采集、播放、处理设备。

教学媒体：以传递教学信息为最终目的的媒体被称为教学媒体。教学媒体用于教学信息从信息源到学习者之间的传递，具有明确的教学目的、教学内容和教学对象。

教学媒体包括语言媒体、文字媒体、印刷媒体和电子媒体。

1．语言媒体

语言媒体作为一种最古老的传播媒体，具有简单、快捷、通俗、反馈等优越特性。即使在具备多种多样的现代化媒体的今天仍具有其他媒体所不能取代的优点。语言媒体具有以下教学功能：

（1）符号的功能；

（2）促进思维、表达思想的功能；

（3）具有交流传播的功能。

但是语言媒体的缺点也很明显，比如，语言符号比较抽象，常常需要手势、表情、体态去辅助，而且转瞬即逝，难以保存；语言媒体的传播距

离有限，只能在有限的距离内实现交流。因此，在教学活动中，语言媒体应与其他教学媒体相互配合使用才能获得良好的教学效果。

2．文字媒体

从语言的产生到文字的出现，其间经历了几万年。据考究，人类最初采用文字的时间大约在公元前 4000 年，由古老的图画经验中演变而来，如古埃及的图画文字、苏美尔人和巴比伦人的楔形文字和中国的象形文字等。随着人类社会的进步，我们使用的文字也在不断的发展和完善。目前世界上大约有 500 种文字，主要的文字体系有西方世界的拼音文字体系和以中国为代表的东方国家的表意文字体系。最早的文字主要刻写在龟甲、兽骨、竹简、锦帛之类的物品上，从发明了造纸术并生产出第一批纸开始，纸便成了人们书写和记录文字最方便的工具。

文字媒体的出现，引起了教育方式的第二次重大变革，使教育将文字书写与口头语言作为同等重要的教育工具，人类除了口耳相传又可以利用书写文字来传达信息，引起了教育史上的又一次重大革命。

3．印刷媒体

在印刷术发明以前，文字的传播主要靠各种形式的"手抄本"。公元1041 年～1048 年间，我国宋代的毕昇发明了活字印刷术。大大地节省了雕版的费用，缩短了出书时间，提高了效率，使得信息可以大量复制、存储并广泛流传。对人类社会保存文化、传播思想和发展教育起了重大作用。

印刷媒体引进教育领域，教科书成为学校教育的重要媒体。学生的知识信息来源不仅来自教师，也来自教科书。学生不仅向教师学习，也向书本学习。教师利用统一的教科书，可以面对一班学生开展有效的教学活动，导致 17 世纪产生了学校教育的班级授课制。引起了教学方式、教学规模的又一次重大变革，产生了教育史上的第三次革命。文字印刷媒体是教学活动中传送教育信息的重要媒体。其应用于教学的主要优点有：

（1）易于携带，使用方便；

（2）制作成本低，易于分类保存修改和分发；

（3）教科书、学术著作的出版，通常经过严格的制订，一般具有较高的水平，值得信赖；

（4）具有稳定性和持久性；

（5）学生可以按照自定步调组织学习。

但由于它是采用文字符号去描述事物和现象，过于抽象，对于缺乏生活经验的中小学生难以理解接受。因此，在教学活动中，教师运用各种直观教具进行讲授，也是教学活动中不可缺少的环节。

4. 电子传播媒体

19 世纪末以来至今天，是科学技术迅速发展的年代。以电子技术新成果为主发展起来的新传播媒体即电子传播媒体大大提高了人类信息的传播能力和传播效率。并由此引发了教育领域中教育方式与规模上的一个根本性的变革，从而产学生了教育史上的第四次革命。

电子传播媒体阶段也被称之为即时媒体阶段。现代教育媒体虽然具有强大的优势，但它却不能代替传统的教学媒体，更不能代替教师的言传身教。教师的语言、教师的音容笑貌，仍是教学活动中的重要组成部分，文字与印刷媒体始终仍是教学活动中的重要媒体。

各种媒体各有其自身的特点与功能，又有其局限性，媒体更代替不了教师。在教学活动中应把多种媒体优化组合，取长补短，才能充分发挥各种媒体应有的教学功能，以真正实现教学过程的最优化。很显然，不同的教学媒体可以起到不同的指导作用。在实际教学中，往往需要从多角度来考虑媒体的选择，所以，教师要根据教学的整体要求选择最佳媒体，而不能根据某一项指标来作出决定。每一种教学媒体都具有其自身的特性，应根据教学的需要来选择媒体，不能简单地断定那一种媒体比另一种媒体强。

而且，媒体组合是一个系统工程，要保证良好的硬件、软件的互补性，就要求媒体的组合符合正确的规律，要有基本的组合的原则：

（1）媒体组合系统化。系统论告诉我们，系统内部各要素绝不是数量的复合与叠加，而是要由最优化的各要素形成彼此之间的最优化关系。因此，在教学媒体的组合运用中，当确定一个主体性媒体以后，便要选择辅助性媒体，以构成优化的媒体教学系统。

（2）媒体组合的简化。在媒体组合的系统观确立之后，媒体系统越简

化越好，当然，这种简化是建立在最优化的基础之上的。这是因为在同一媒体系统中，选择的媒体数量越多，在设计编制方面就越复杂。所以一般来说，简化利于优化。

（3）媒体组合的统一化。媒体的组合要从教学总目标出发，各个媒体要根据不同的分工完成各自的任务，决不能强调自成系统，这样才能使各媒体之间组成既相互联系又相互补充的多层次的信息结构。

教学媒体组合有法，但无定法。无论怎样组合，都是为了实现教学目标、优化教学，提高教学效率的。

第二节　教学媒体的运用

　　"学媒无关论"是科拉克提出来的，1983 年美国洛杉矶南加州大学教育心理与技术系教授、系主任科拉克在《教育研究评述》刊物上发表了一篇名为《从媒体中学习的再思考》的综述性论文。在这篇文章中他提出以后颇为人们争议的论断："媒体仅仅是传播教学的工具，它对学习结果的影响比汽车一年送食品引起营养变化的影响还要小。"他解释说，当然教学传播工具的选择会影响到传播的费用以及程度，但只有所传播的内容才会真正影响学习的结果。

　　考兹玛是美国加利福尼亚国际学习技术中心的主任。他在 1994 年第二期的《教育技术研究与发展》刊物上发表了一篇题为《媒体会影响学习吗？——对讨论的再定位》的文章。在这篇文章中，考兹玛结合瓦特（White）的研究成果向科拉克的学媒无关论发起了挑战，由此引起的一场更大的学习于媒体的关系的再讨论。考兹玛指出："如果媒体与学习之间目前还没有什么关系的话，那是因为我们还没有去做这个工作。"这就是考兹玛针对"学媒无关论"提出的"学媒相关论"。在提出各自理论的同时，两位学者都做了大量的实验，分别验证了各自理论的正确性。

　　这使得我们看出，两个理论都有正确、可取的地方，在不同的情况下，都可以指导实践。下面，本节就两位学者的观点，提出自己折中的学媒观。

　　教学媒体的作用是：

1. 有利于教学的标准化；

2. 有利于形成兴趣化教学；

3. 有利于提高教学质量和教学效率；

4. 有利于实施个别化学习；

5. 促进教师和学生的作用发生变化；

6. 有利于开展特殊教育。

在具体的教学实践中，无论是使用单一的媒体还是组合的媒体，都是为达到最优化的教学效果服务的。具体地说，教学媒体的使用目的主要有以下几点：

（1）突出教学重点

正确运用教学媒体，不但能突出教学重点，而且还有利于学生理解和掌握知识。如初中化学《碱金属》一章根据教学目标，有多个知识点，其中需要老师讲解、应用的知识点正是本章的重点，我们可以制作一张投影片列举出这些重点内容，着重讲解或小结复习。

（2）解决教学难点

使用教学媒体，可以有效地解决教学中的难点。例如，太阳、地球、月亮三颗星球的运行规律是教学中的一个难点，如果利用录像教学或计算机辅助教学就可以轻而易举地展示出三颗星球的位置和运行轨迹。

（3）提供教学资料

根据教学需要，可以提供背景资料，如图片、历史镜头等。如在讲授小学语文课《周总理，你在哪里》时，播放《十里长街送总理》的教学录像片，提供历史性事实材料。

（4）创设教学情境

利用现代教学媒体声形并茂的特点，可以给学生创设一个良好的教学情境。比如影视是动态的视觉与听觉的结合，这种耳闻目睹、多种感觉器官的综合作用为学生提供了身临其境的感性的替代经验，有助于在教学中弥补学生直接经验的不足。语言实验室也为学生创设了一个语言交际和学习的环境。

（5）提供教学示范

利用现代教学媒体的再现性，可以给学生提供优秀教师的教学录像、艺术类课中示范性的动作、语言教学中的标准读音以及规范性的实验操作等。

（6）启发学生思考

教学中应用媒体时要与各种启发方式相结合，启发有激疑启发、类比启发、联想启发等。

例如，生理卫生循环系统的教学，可以先向学生展示心脏的结构及工作原理的投影片，然后提出问题让学生思考，"人体是如何得到氧气供应的？"观察投影片与提问相结合，激发学生认真思考，这种方法称为激疑启发。

又如生物课，每讲完一种动物，可将该种动物与上一种动物对应的器官、系统等制成幻灯片或投影片进行分析比较，引导学生找出它们的异同，通过类比，让学生自己发现生物不断进化的规律，这种启发方式称为类比启发。

再如，学生在观看菜豆种子发芽、成长的录像片的同时，让他们思考有那些植物的种子与菜豆类似，通过联想，最后归纳出双子叶植物种子发芽、发育的特点，这种启发称为联想启发。

第三节 恰当地选择教学媒体

一、选择教学媒体的依据

在选择教学媒体前，应对教学目标、内容、对象、策略等做分析，选择时应注意不应只注重性能或价值，还要注意媒体的实用性与教学环境之间的适用性等问题。

1. 依据教学目标

教学目标是贯穿教学活动全过程的指导思想，它不仅规定教师进行教学活动的内容和方式，指导学生对知识内容的选择和吸收，而且还控制媒体类型和媒体内容的选择。以外语教学为例，让学生掌握语法规则和要求学生能就某个情境进行会话，是两种不同的教学目标。前者往往通过文字讲解并辅以各种实例来帮助学生形成语法概念；后者则往往通过反映实际情境的动画和语声使学生在具体的语言环境中去掌握正确的言语技能。不同的教学目标决定不同的媒体类型和媒体内容的选择。

2. 依据教学内容

学科内容不同，适用的教学媒体也不同；即使同一学科，各章节的内容不一样，对教学媒体的要求也不一样。以语文学科为例，散文和小说体裁的文章最好通过能提供活动影像的媒体来讲解，使学生有身临其境的感觉，以加深对人物情节和主题思想的理解。对于数理学科中的某些定理和法则，由于概念比较抽象，最好通过动画过程把事物的运动变化规律展现

出来（或把微观的、不易观察的过程加以放大）以帮助学生对定理和规律的掌握。同是化学学科，在讲解化学反应时最好用动画一步步模拟反应的过程；而在讲解分子式、分子结构以及元素周期表等内容时，则以图形或图表的配合为宜。总之，对教学媒体的选用和设计应依据教学内容来进行。

3. 依据教学对象

不同年龄阶段的学生其认知结构有很大差别，教学媒体的设计必须与教学对象的年龄特征相适应，否则不会有理想的教学效果。按照皮亚杰的儿童认知发展理论，小学生（6～12 岁）正好处于认知发展的第三阶段即"具体运算阶段"，其认知结构属"直觉思维图式"；而初中学生（12～15 岁）则处于认知发展的第四阶段即"形式运算阶段"，其认知结构属"运算思维图式"，处于这一阶段的学生，思维能力有了较大发展，且抽象思维占优势地位。但是对初中学生来说，这种抽象思维仍属经验型，还需要感性经验的直接支持；而对高中学生（16～18 岁）来说，其抽象思维能力已得到进一步发展，逐渐由经验型过渡到理论型，即能在有关理论的指导下分析处理某些实际问题，并能通过对外部现象的观察归纳出关于客观世界的某些知识。

在进行教学媒体的设计时，必须充分考虑上述不同年龄段的认知特点，绝不能用某种固定的模式。在小学低年级阶段各学科媒体设计的重点应放在如何实施形象化教学，以适应学生的直观、形象思维图式，因而应多采用图形、动画和音乐之类的媒体使图、文、声并茂；在小学高年级阶段则要把重点放在如何帮助学生完成由直观、形象思维向抽象思维的过渡，因而这一阶段的形象化教学可适当减少；在中学阶段则应着重引导学生学习抽象概念，学会运用语言符号去揭示事物的内在规律，逐步发展学生的逻辑思维能力。在初中阶段尽管形象化教学仍不可缺少，但是只能作为一种帮助理解抽象概念的辅助手段，而不能像小学那样以形象化教学为主。否则将会喧宾夺主，达不到教学目标的要求——从形式上看很生动、很美观，而内容却无助于学生认知能力的发展。

4. 依据教学条件

教学中能否选用某种媒体，还要看当时当地的具体条件，其中包括资源状况、经济能力、学生技能、使用环境、管理水平等因素。录像教学具有视听结合、文理皆适的优点，但符合特定课题需要的录像片是不是随手可得呢？语言实验室是一种极其有效的外语教学媒体，但并非每个学校都有能力置备，因陋就简采用录音机代替也是可以的。计算机辅助教学前景看好，但除了需要资金购买电脑，还得培训使用人员。若教室不具备遮光设备，连"价廉物美"的投影仪、幻灯机都用不上。有的单位管理混乱，结果使得已经购置的现代化教学媒体也无法选用。

5. 根据教学媒体自身功能和特性

各种教学媒体都具有自身的特性，对应于某些教学活动特别有效。总之，教学媒体选择依据的基本思路是：使用系统方法，对教学目标、学习内容、学生的需要和水平、一定的教学条件、教学媒体的特性和功能、经济性与适用性等各方面进行整体协调，选择恰当的、最优化的教学媒体。

二、教学媒体选择的原则

教学媒体选择的一个基本原则，就是要根据教学媒体对促进教学目标和教学目的的完成所具有的潜在能力来进行选择的。这个潜在能力就是指教学媒体本身的特性和教学功能。其具体指导原则是：

1. 易获得性原则

所谓易获得性原则，是指学习者容易取得这种教学媒体。在众多的可用教学媒体中，首先我们要考虑的是学习者能接触到哪些教学媒体，或者说我们可能为学生提供哪些教学媒体。

2. 方便学习者的原则

教学媒体的选择应尽可能地方便学生，这主要取决于教学媒体的控制特征。首先是教学媒体是否容易接近，是在学习者家庭用，还是在学习中心等集体学习场合用？是个人使用还是集体使用？是固定的，还是可移动便于携带的？其次，要考虑教学媒体操作的方便与否，即教学媒体需要何种环境、需要其他何种保障、需要何种特殊操作技能等。第三，要考虑教

学媒体的时间控制特性，即是即时教学媒体还是永久教学媒体。

3．合理利用教学媒体的原则

每一种媒体都具有一定的特性，因此他们的功能也不尽相同。每一种媒体都有自己的长处和短处，他们之间可以互补。当利用一种媒体的长处去实现一个与之相适应的教学目标时，效果自然会比其他媒体好；但是如果用这种媒体去实现另外一个教学目标，也许效果就会比其他媒体差一些。所以，没有一种媒体可以适应于所有教学目标，也就是说世界上没有"万能媒体"。因此，使用媒体时，要注意扬长避短，做到物尽其用，充分发挥他们各自的优势。

4．考虑教学设计过程中其他要素的影响

选择教学媒体一定要满足教学目标、教学内容、教学对象以及教学策略的要求。教学媒体是教学策略中的一个因素，所以选择媒体时不但要服从制订教学策略的依据，而且还要注意到教学媒体与其他因素之间相互联系、相互制约的关系。

例如，如果已经决定采用集体授课方式，那么就应该选择能够向全班学生展示的媒体，如挂图、幻灯机、投影仪或大屏幕电视机等。借助不同的教学媒体，可以完成不同的教学目标。例如，在外语教学中，如果要纠正学生发音中的错误，就可以使用录音媒体；而要为学生提供一个相应的会话情境，最好使用录像媒体。

不同的学科内容或同一学科中不同章节的内容，对教学媒体有不同的要求。例如，如果能在已经联网的计算机教室里讲授计算机语言的课程，全班学生就能在自己的计算机屏幕上看到教师的计算机屏幕上所显示的内容，比起教师在黑板上费力地书写，效果要好得多。又如，在讲解一篇介绍风景名胜的课文时，如果配上相应的照片、电影或录像带等，就会使学生获得身临其境的感受，容易深刻理解课文的意义。

此外，对教学内容的重点或难点，教师往往希望借助教学媒体激发学生的学习兴趣，调动他们的积极性，帮助他们理解、记忆和掌握这些重点或难点，起到事半功倍的效果。学生特征也是影响媒体选择的一个因素。例如，中学生的抽象概括能力要比小学生强，感知的经验也比较丰富，持

续集中注意力的时间相对延长，所以在为他们选择媒体时要注意，媒体传递的内容中所包含的分析、综合、抽象、概括和理性认识的分量可相应增加，重点应放在揭示事物的内在规律上。

5. 考虑媒体使用的环境与实际效果

教学媒体只有在具体的教学环境中使用才能发挥出它的作用，而其中的环境因素对于媒体的选择和使用往往有限制作用。这就是说，不论我们所选择的媒体多么符合原则，如果环境不允许也只得放弃。

下面举的几个例子就反映了这种情况：

（1）在刚刚开始使用一种新的教学媒体时，如果教师和学生都不熟悉它的使用方法，就可能发挥不出它的功能。这时只有两种选择，要么在教学过程中安排学习使用媒体的时间；要么换成另一种媒体。

（2）对于比较昂贵的教学媒体的设备，如果学校的教育经费不足，就不能购买，当然也谈不上使用。

（3）有了媒体设备，没有合适可用的教学软件。

（4）有些媒体对使用环境有一些特殊要求，例如幻灯和电影要求放映地点的光线比较强，这就需要遮挡光线。

（5）选择媒体时，还会受到学校管理媒体的水平的限制，因为只有当媒体处于良好的工作状态时，教师才能选择和使用。

可见，对媒体的熟悉程度、教育经费、教学软件的质量及数量、对环境的特殊要求以及管理水平等，都会对媒体的选择和使用产生影响。能够使用教学媒体并不是教师的目的，教师所关心的应是媒体使用之后到底能得到什么样的教学效果。因为无论是购买、制作还是使用教学媒体都需要花费资金、时间和人员劳动，都要为使用媒体付出代价。因此当然希望以较低的代价来换取较高的效益，所以就必须注重媒体的实际效果，而不能盲目地求新求全，把媒体当成"现代化教学"的标志。

因此，如果有两种教学媒体所带来的效益完全相同，那么就应该选择成本较低的那一种；如果有两种媒体可以使用，虽然另一种媒体的教学效果好一些，却要付出相当大的代价，那么还是应该选择代价小的那一种。

教学媒体必须在一定的条件下，才能发挥出它应有的作用，而且这种

作用也是有限度的，所以教师只能利用媒体，而不能过分依赖媒体，更不能用媒体来取代教师的作用。相反，媒体是由教师选择和使用的，其目的是为了帮助教师顺利地实现教学目标。因此，如果在使用媒体时，教师能够对媒体所传递的信息作一些解释，讲明哪些信息与教学目标有关，哪些无关，引导学生接受有用的信息，而不被一些无关信息干扰。

三、教学媒体选择的方法

按照教学媒体的选择原则选择教学媒体，更多的是依赖于人的主观判断。在选择教学媒体时，为了使作出的主观判断更为客观、准确，在大量的教学媒体应用实践中，逐步形成了一些教学媒体的选择方法。这里我们主要介绍问卷表型、流程图型、矩阵型这几种教学媒体选择的方法。

1. 问卷表型

问卷表实际上是列出一系列要求媒体选择者回答的问题，通过对这些问题的逐一回答，来比较清楚地发现适用于一定教学情境的媒体。

下面的一组问题便是例子：

a. 所需媒体是用来提供感性材料还是提供练习条件？该媒体是用于辅助集体讲授还是用于个别化学习？

b. 媒体材料与学生的认知水平相一致吗？

c. 教学内容是否要作图解或图示的处理？

d. 视觉内容是用静止图象还是活动图象来呈现？

e. 活动图象要不要配音？是用电影还是录像来表达视听结合的活动图象？

f. 有没有现成的电影或录像以及放映条件？

当你对教学媒体选择因素有较深刻的理解后，便可以根据你周围的具体情况自己设计问题。问题根据实际情况可多可少，可按逻辑排序，也可不按逻辑顺序排列。通过对问卷表各项问题的回答，我们就可适当选择教学媒体。问题表列出的问题根据实际情况可多可少；可按逻辑排序，也可不按逻辑排序。这种模型出现较早，并为其他一些选择模型提供了基础。

2. 流程图类型

这种类型是建立在问卷表类型基础上，它将选择过程分解成一定的序列步骤，每一步骤都设一问题，在使用者选择回答"是"或者"否"后，根据问题逻辑被引入不同的分支步骤，回答完最后一个问题就会至少有一种或一组媒体被确认为是最适用于特定情景的教学媒体。

3. 矩阵类型

这种类型一般是利用二维形式排列的。教学媒体的种类是一维，选择特性是另外一维。然后用一等级尺度如高、中、低，大、中、或适合、部分适合和不适合等来表示二维之间的联系。矩阵选择表是两维排列的，将教学媒体的种类为一维，教学功能和其它考虑因素做另一维，进行列表，然后再用一种评价尺度反应两者之间的关系。评价尺度可用很有利、较有利、困难和不利四种层次。

还有一种选择媒体的方法叫算法型，是指通过模糊的数值计算决定媒体的取舍。基本思想是尽可能选择低价、高功能的教学媒体，计算公式为：媒体的选择 = 媒体的功能/需要付出的代价。

第四节　确定教学媒体的最佳展示时机

　　根据前面的内容，教师可以确定在课堂教学中使用哪一类媒体，但是在课堂教学过程中选择什么时机利用媒体来展示教学内容还是未知的。教学媒体的最佳展示时机，是根据教学内容及以往的教学经验，预测学生在学习过程中心理上可能发生的变化，针对这种心理变化，不失时机地发挥教学媒体的作用，帮助学生保持良好的心理状态，或帮助学生将不良的学习心理状态转化为良好的学习心理状态。

　　1. 有意注意与无意注意的相互转换

　　由心理学研究结果知道，虽然在学生学习过程中主要是有意注意在起作用，但是，无意注意在一定条件下，可以在很轻松愉快的气氛中，在不增加学生负担的情况下，也会起到有意注意所不能起到作用。例如调动学生的学习积极性，加强学习效果等。所以，有经验的教师在教学过程中，要抓住这一特点，灵活地运用转换原理，使学生紧张的大脑得到休息，又能取得较好的保持注意效果。

　　处于抑制状态的学生，是不可能很好地进行学习的。教师应想方设法，将这种抑制状态转化为兴奋状态。在讲授知识重点时，教师确定的思维启发点和学生求知兴奋点重合时，就是多媒体教学出现时。

　　例如，语文课《奇异和琥珀》，重点是琥珀的奇异。

　　教师采用变序讲读法，先让学生了解琥珀的"奇"在哪里，然后利用学生的好奇心理，启发其求知所以然。此时，出现启发和求知兴奋时刻的

结合，教师随之演示一框抽拉复合投影片，呈现"两只小虫都淹没在老松树的黄色泪珠里"的影像，接着是学生在这个直观感知的基础上所引出的联想。

在讲授知识难点时，教师确定的知识点和学生出现心理障碍的时刻的结合老师往往也是教学媒体的最佳展示时机。

例如，在语文课《少年闰土》中，教师确定"西瓜"的危险经历同人物性格品质的关系作为知识解疑点。当课文中重提"瓜地与少年"时，学生新鲜感即逝，兴趣黯然，这就表明学生出现了心理抑制状态。此时学生所需要的解疑化难产生的兴奋时机也出现了，教师及时地演示一框有别于课文老师插图的投影片。新刺激将学生的心理抑制状态转化为兴奋状态，同时，教师结合投影片引导学生认识了在那"危险的经历"中却面无惧色的少年，从而把握了人物的勇敢机敏的特点。

2. 平静状态向活跃状态的转化

在教学过程中，有时会出现学生对教师的教以及教学的内容既能接受，也不厌烦的情况。但是，由于对教师的教法摸得很透，学生就会产生"一定会用老一套方法来教"的想法，然后就是平静地在那里等待，这是一种不良心理状态。这时教师应当采取学生意想不到的方法，打破这种平静状态，使学生的学习心理活跃起来。

3. 兴奋状态向理性状态的升华

学生兴奋起来并不是教学目的，学生处于兴奋状态，只是为学习的进一步发展创造了良好的心理条件。但是，如果教师不能适时加以引导，不能使学生的认识升华到新的境界，这种兴奋状态就不可能持久，教学目标就不可能更好地实现。这时，教师应当因势利导，采取有效方法，自然而然、水到渠成地将学生的兴奋状态引到理性的升华。

4. 克服畏难心理，增强自信心

从心理学的角度讲，在教学过程中，教师应从心理方面常给学生一种具有新意的刺激，让他们在对新鲜事物的尝试中，增强自信心。

从教学方面讲，这种新鲜刺激能够高度集中学生的注意力，使他们处于一种积极向上的亢奋状态，愿意调动自己的全部力量去进行实践。这样

教师课堂教学技巧的培养和提高

做，不仅能够克服学生学习时的畏难心理，而且可以调动他们的学习积极性，有利于培养和提高各种能力。

5. 满足表现能够胜任的欲望

任何人都希望别人把自己看作有能力并能胜任某项工作的人，中小学生尤其甚之。如果教师能够把握学生的这种要求和愿望，及时地创造机会与条件，以满足学生的这种愿望与要求，那么，学生的学习积极性，将会由此而进一步提高，学习的效果和质量也会更高。

在媒体组合教学设计过程中，教师要根据教学目标、教学内容、学生特点等因素确定了教学媒体，然后研究教学媒体使用的目的和教学媒体展示的最佳作用时机问题。如果说教学媒体使用的目的是从教学目标的角度出发研究如何发挥媒体组合教师的优势，那么教学媒体作用的时机则是从学生心理的角度研究如何发挥媒体组合教学的优势。因此，在媒体组合教学设计中，使用教学媒体的目的和教学媒体的展示时机是密不可分的。也可以说，解决好了教学媒体使用目的和教学媒体展示时机相结合的问题，也就能够解决好课堂媒体组合教学的设计问题。

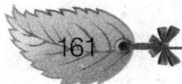

第六章　教学媒体的组合运用

第七章　教师创作课堂教学情境的技能

　　一个良好的课堂教学情境，不仅应该包含着促进学生智力发展的知识内容，帮助学生建构起良好的认知结构，而且应该蕴涵着促进学生非智力品质发展的情感内容和实践内容，能营造促进学生全面发展的心理环境、群体环境和实践环境。

　　教学情境的设计不应该仅仅满足某一个方面的需要，要同时为情感教学、认知教学和行为教学服务。另一方面，局部的情境设计可以有所侧重、偏重于某些方面的内容，要根据具体情况灵活地变通处理，教学情境应该具有促进学生产生继续学习的愿望、有利于激发和增加学生潜能的功能。

　　教学情境的设计不仅要针对学生发展的现有水平，更重要的是，还要针对学生的"最近发展区"：既便于提出当前教学要解决的问题，又蕴涵着与当前问题有关、能引发进一步学习的问题，形成新的情境；利于学生自己去回味、思考、发散，积极主动地继续学习，达到新的水平。设计得当的教学情境应该不但有利于知识的综合运用，有利于学习成果的巩固和发展，还应该有利于学生发展个性和特长，有利于学生相互间合作。

第一节　课堂教学幽默艺术的功能

1. 幽默

现代汉语中的"幽默"，自 1924 年 5 月林语堂最早从英语"humour"一词音译以来，一直没有一个确切的定义。其实这种不确定性是个世界级问题，它反映了幽默现象本身的复杂性和人们对它认识的差异性。关于幽默，各有各的理解和说法，如细加分析，大抵可分为两类：一类是主张把所有逗笑的事物都叫幽默，这一派的主张可称做广义的幽默；另一类是把幽默和仅博一笑的滑稽逗乐加以区别，这一派的主张也可称做狭义的幽默。

美国大众心理学家特鲁·赫伯在其《幽默的艺术》一书中精心区别了三个相互联系又容易混淆的概念，对我们准确地理解和把握幽默很有帮助。在他看来，幽默、幽默感和幽默的力量是三个不同的概念：所谓"幽默"，是指一种行为的特性，能够引发喜悦，带来欢乐，或以愉快的方式使别人获得精神上的快感；"幽默感"是指一种能力，是理解别人的幽默和表达自己的幽默的能力；而"幽默的力量"则是一种艺术，是运用你的幽默，应用你的幽默感，来增进你与他人的关系并改善你自己的人格和品质的艺术。并且他还极力主张："所有的人都来学习幽默的艺术，以免使这世界干涩、枯萎。"我们基本上赞同特鲁·赫伯对幽默的见解。

（二）教学幽默艺术

这里所谓的教学幽默艺术，是指将幽默运用于教学并以其独特的艺术

魅力在学生会心的微笑中提高教学艺术效果和水平的活动。教学幽默艺术的特点是既要有幽默的一般特点——机智性和娱乐性，又要有其特殊规定性——即在教学中的教育性。可以说它是形神兼备的——其"形"是幽默，而"神"则是教育；也是寓庄于谐的——其外部表现是"谐"，给人以愉悦感受，而里面的内核是"庄"，给人以教育收益。

教学的幽默艺术是一种使教学活动在意外的倒错或矛盾中表现出某种教学意图并使学生获得轻松愉快、典雅含蓄的笑声的一种操作机智，"是教师在组织教学、传授知识时所表现出来的一种机敏、风趣和巧智"。教学幽默艺术以其较高的审美趣味和显著的教学实效，赢得了越来越多的关注。如我国辽宁特级教师魏书生则明确地向自己提出"每堂课都要让学生有笑声"的要求，他在课堂上一向力求使用幽默、风趣的教学语言，不仅使优秀的学生因成功而发出笑声，也能使后进学生在愉快和谐的气氛中受到触动。

人们为什么这么重视教学幽默艺术，并主张教师必须具备教学幽默艺术的能力呢？这是因为教学幽默艺术本身具备多方面的独特的教育功能。一项社会学调研指出，幽默感在高年级学生眼中，是教师第三位最有价值的素质，仅仅次于"本学科渊博的知识"和"尊重学生个性"。还有一份调查表明："一半以上的被调查者喜欢擅长说笑话的教师。"的确，我们平日不难发现，学生不喜欢法官式的面孔，对威严型的教师往往敬而远之。他们喜欢风趣的笑脸，对幽默型的教师格外亲近、尊敬，这是因为富有幽默感的教师能随时通过教学操作传给学生"三味"：兴味、寻味和情味。

课堂教学幽默艺术具有如下几方面功能：

1. 激活课堂气氛

我们知道，课堂气氛是影响教学艺术效果的一种非理性因素，也是构成老师教学艺术情境的重要组成部分。而良好的教学幽默艺术具有快速弥漫性和情绪感染力，能有效地活跃课堂气氛，使之不至于像潭死水。长期积累的教学经验告诉我们：课堂老师的笑声会制造出积极的气氛，使"教"与"学"变得轻松而有效。实践表明，只有在活跃的课堂气氛中，学生才能积极地参与教学中的思维创造活动，才能与教师一起把课堂教学

搞得有声有色,共同创造出良好的教学艺术效果。如特级教师钱梦龙教《故乡》一课,在学生争论灰堆里的碗碟到底是谁埋的时,十分风趣地说:"这个问题是个历史的悬案!"当一个学生说鲁迅之所以写杨二嫂这个人物是要反映旧社会的妇女问题时,他幽默地说:"好啊,他考虑问题可真广,还考虑到了妇女问题!这问题提得很高级!"钱梦龙老师上课时课堂气氛始终是活跃的、积极的,其中的奥秘之一就是他善于使用教学幽默艺术。

2. 和谐师生关系

人类学的研究成果表明,幽默在人类社会中可以起到缓解人与人之间紧张关系的安全阀作用,它可以冰释误会、释解责难、缓和气氛、淡化矛盾、减轻焦躁。著名教育家苏霍姆林斯基认为:"如果教师缺乏幽默感,就会筑起一道师生互不理解的高墙:教师不理解学生,学生也不理解教师。"教育研究表明,师生情绪严重对立时,学生会拒绝接受来自教育者的一切要求,这会阻碍他们对正确要求的意义的真正立解,即所谓"意义障碍"。而教学幽默是和谐师生关系、消除意义障碍的良药。所以海特认为:"幽默是一个好教师最优秀的品质之一。

幽默有多种功用,最明显的功用就是它能使学生富有生气和积极注意。在教学中老师幽默的真正目的要更为深入、有价值得多。它在快乐中把教师和学生联结在一起。老师的教学幽默可使学生感到老师的人情之美和性格优点,从而缩短师生间的心理距离,达到"亲其师而信其道"的目的。实践证明,学生只有在亲其师的氛围中,智慧之花才会开放,教学效果才会理想。教学幽默因其语言含蓄、机智,似和风细雨,可以消除师生间的隔阂,使教师显得和蔼可亲、平易近人、充满睿智,使学生丢弃拘谨、胆怯与紧张,从而促进师生合作、教学相长。

3. 调控课堂纪律

良好的课堂纪律是有效学习的保证。现在的学生基本上都知道上课须遵守纪律,但由于小学生注意力容易分散,意志品质不强,教学中教学内容枯燥、教师方法单调以及外界事物的干扰等原因,难免会有少部分学生出现上课走神、做小动作等现象。教师发现后固然可以对其进行批评、教育,但课堂教学效果往往会因此而受到影响。这时,教师如能运用自己的

智慧幽之默之，则往往会有意想不到的效果。

> 如有位教师执教《三衢道中》这首古诗，讲到"绿荫不减来时路，添得黄鹂四五声"时，有学生竟学黄鹂吹起了口哨。教室里顿时静得连呼吸声都听得见，大家都面面相觑，等待老师"暴风雨"的到来。然而，教师却幽默地说："老师这段描写真是太精彩了。我们的同学都情不自禁地学起了黄鹂的叫声。你们能想象作者置身于这样的环境中是怎样一种心情吗？"

教师充满人格魅力的一句妙语，不仅使课堂避免了混乱，而且使该学生认识到自己的失态，并对老师产生了由衷的感激和敬佩，收到了令人满意的效果。

4．开启学生的心智

教学幽默对学生心智的影响，是被理论与实践证实了的。现代心理学告诉我们：常人把注意力完全集中于一件事上，而不被其他思想打扰的最长时间只有 11 秒。而在课堂教学中间或来点幽默，犹如"兴奋剂"一样，可以调节学生的情绪，驱散学生的疲倦感，点亮学生的注意之灯。美国教育家肯尼思·丁·汉森在其《美国中学生的讲授法》里说："一些例证说明，幽默并不能影响直接认识的获得，甚至在几个星期之后，学生从讲授时所运用的幽默中却有意识记住了更多的概念。"这便很好地替幽默能够增强学生的记忆作了注解。教学幽默还能促进学生对所学课程内容的理解，使之对自己的学习更加自信。并且，因为教学幽默的特点是寓庄于谐，学生理解教学幽默以致发出会心一笑，其间需要一定的思维想象活动。加之教学幽默是教师智慧和自信心的表现，具有机智性和创造性，因此教学幽默常常富于启发性，学生必须通过积极的思考和想象才能会意，在笑过之后又须深入思考或想象，这样可以锻炼学生课堂思维的灵活性和想象的创造性。

有时一个风趣的比方或反诘，引起一阵笑声之后留下的将是难以磨灭的印象。

幽默同时可以使教学内容趣味化，保持学生浓厚的学习兴趣，促进学生对知识的理解与记忆。如特级教师于永正老师教学课，在巩固阶段创造了背"课"给家人听的情景。教师先后扮演了妈妈、爷爷、奶奶三个角色。下面就是学生背给"奶奶"听的一个片断：

老师："现在，我当你奶奶，你奶奶没有文化，耳朵有点聋，请你注意。"

学生："奶奶，我背首古诗《草》给你听好吗？"

老师："那么多的花儿不写，干嘛写草啊？"

学生：（一愣）"因为……因为草很顽强，野火把它的叶子烧光了，可第二年又长出了新芽。"

老师："噢——我明白了。背吧！"

（学生背）

老师："'离离原上草'是什么意思？我怎么听不懂？"

学生："'离离'就是很茂盛的样子。这句话是讲草原上的草很茂盛。"

老师："还有什么'一岁一窟窿'？"（众笑）

学生："不是一岁一窟窿，是一岁一枯荣。枯是干枯，荣是茂盛。这句话是说一年里，春天草长得很茂盛，到了冬天，就干枯了。"

老师："哦！听懂了。你看我孙女多能耐，小小年纪就会背古诗！"

另外，幽默教学还直接影响学生表达能力的发展，特别是运用妙语、警句和其他一些巧妙语言的技能的发展。

5. 健全学生的个性

教师直接以生动有趣、诙谐幽默的语言讲授知识，可以让学生直接感受到教学过程本身的幽默，享受到轻松愉快的情绪体验，从而摆脱苦学的烦恼，进入乐学的境界。因为"幽默产生的时刻，也正是人的情绪处于坦

然开放的时刻"。每当我们因心中喜悦而开怀大笑之后，常常会感到精神振奋，对自己和周围的一切都充满了信心。并且教学幽默的运用会潜移默化地影响学生的性格，久而久之，将使学生养成乐观豁达的气度和积极进取的精神，"以新的眼光去看生活"，增强学生的幽默感，并进而优化其非智力因素，正确面对困难与挫折。而"一个具有幽默感的人，能时时发现事情有趣的一面，并欣赏生活中轻松的一面，从而建立出自己独特的风度和幽默的生活态度。这样的人，容易令人想去亲近；这样的人，使接近他的人也分享到轻松愉快的气氛；这样的人，更能增添人生的光彩"。

6. 激发学生的求知欲

美国教育家哈曼说："那些不设法勾起学生求知欲望的教学，正如同锤打着一块冰冷的生铁。"而教学幽默艺术能有效地激发学生求知欲，直接有利于学生对知识的理解和掌握。国外有人研究发现，如果在叙述一个概念时紧跟着举一个幽默的例子，然后再解释概念，学生的成绩就会提高。有人曾设计过这样的实验：给 285 名小学生播放一组视听材料，过后请他们复述。结果发现，学生对含有幽默色彩的内容记忆得更为深刻。

第二节　课堂教学幽默艺术的类型

课堂教学幽默艺术在教学过程中的表现是多种多样的，按照其表达方式来分，可有以下几种基本类型：

1. 语言幽默

教学语言幽默包括口头语言幽默和书面语言幽默两种。口头语言幽默指教师授课语言，特别是在导语、插语和结语中有意采用妙语警句、双关语、飞白等修辞手段来制造幽默，而收到愉悦谐趣的艺术效果。如有的学生作文时往往文不加点或一逗到底，教师讲评时便上气不接下气地由站着念到红脸弯腰直到不得不蹲下。学生困惑地说："老师，停顿一下再念吧！"老师则喘着粗气笑着回答："可文章中并没有句号呀！"结果学生在善意的笑声中收到了意外的教育效益。

书面语言幽默，指教师在板书或作业评语中运用幽默手段来"幽默之"，以达到教育学生的目的。如有一个教师对一个作文爱用"了"字的学生写了这样一段批语："该用'了'，你不用'了'，不该'了'尽是'了'，你'了'字用得太多了，希望今后不要滥用'了'了。"学生看到老师的'了'字评语和自老师的'了'字作文相映成趣，欣然接受老师的批评并改正了自己的缺点。

2. 体语幽默

教师在教学中利用幽默化的眼神、表情、体态、手势等动作形象来"幽默一下"，以引起学生的注意或沉思。如魏巍《我的老师》中蔡老师用

教鞭在孩子们头上晃了一下，但并没有打下去，孩子们笑了，魏巍多年还铭刻在心，可见其感染力之大。特级教师魏书生在一次教学中，发现一位同学想回答问题胆又不大，手想举又不想举。魏书生便学他的样子，手举了两举，缩了两缩。同学们见老师滑稽的样子，哈哈大笑起来。那位同学也笑了，并且果断地举起手来回答了问题。

3. 辅助幽默

指教学辅助手段中的幽默因素，如教具等。辅助教师教学的直观教具如模型、标本、挂图、表格等"幽之默之"出一种视觉形态，而具有引人发笑的特点，再如电教幽默，像用漫画幽默画制成的幻灯片，用相声灌制的录音带，带有喜剧色彩的录像等，都可成为"既幽且默"的好材料。

第三节　教师幽默性语言艺术的基本要求

幽默性语言艺术有自己特殊的质的规定性，它具有自己的基本要求。

1. 科学性

科学性就是要求教师在课堂教学时准确无误地使用概念，恰如其分地遣词造句，科学逻辑地传道、授业，令人信服老师答疑解惑。在教学时，教师要反复锤炼自己的语言，做到幽默要以其规范性、科学性为前提，从而准确传达教学信息。

2. 教育性

教育性要求教师的语言对学生具有教育作用。幽默性语言艺术的教育性，体现着教师的责任和义务。幽默的材料和语言的教育性取决于它的思想性，取决于是否有利于培养学生的正直的人生观。幽默应针对学生普遍关心的各种不同问题，敢于触及学生中的热点和难点，注意他们在不同阶段表现出的各种反应同思想变化，抓住教育的最佳时机，本着正面引导的原则，用新颖活泼的方法、令人信服的事实进行教育，既能解决学生的模糊认识，又能达到教育的最佳效果。

3. 美感性

美感性就是要求教师在运用语言时善于发挥汉语优势，在语音、语速、语调、语句上富有美感和趣味性，在内容上雅而不俗。那种以制造噱头，哗众取宠，以挖苦打趣赚取笑声，以及所谓俏皮的浅薄语言，只不过是一种庸俗趣味，除博人一笑外，不能给人以精神的、美的享受。

4. 愉悦性

愉悦性就是要求幽默能激起学生的愉悦感，使人轻松、愉快、爽心、舒情。幽默是笑的艺术，没有可笑，也就没有幽默感。要老师教学语言具有幽默性，所表现的内容就要求或为矛盾百出，或为怪异乖戾，或为荒唐滑稽，或为巧智奇思，或为愚不可及。幽默所表现的这些令人发笑的内容，是现实生活各种矛盾和现象的折射，是其中可笑可怪成分的放大。这种幽默所引起的笑，使学生的情感得到释放，实现情感交融，形成愉悦性教学氛围。

5. 启迪性

启迪性就是幽默性教学语言要寓庄于谐，通过可笑的形式表现真理和智慧。通过幽默，使学生在笑声中得到启示，意会到社会现实的矛盾，明辨是非、真理与谬误、正义与邪恶，懂得一定生活道理。幽默是严肃的，具有深刻的哲理。它总给人以启迪，令人深思，使学生在笑声中获得真知和提高，取得好的教学效果。

6. 含蓄性

含蓄性就是要求教师用诙谐的语言、形象化的方法暗示所说明道理，启发学生思考，幽然默识，思而得之。因此，它常常要借助比喻、双关、夸张、对偶、谐音、活用、移就等手法，这些语言手段的巧妙运用，往往产生委婉曲折、含蓄蕴藉的幽默效果。如果平白直露，不给学生一个想象和再创造的范围，味同嚼蜡，淡乎寡味，还有什么幽默艺术可言呢？

7. 适度性

适度性就是要求幽默的运用要恰当，要把握"度"的原则。从质上看，幽默素材要恰当，要适应学生年龄特征、接受能力和教学要求，切不可不加选择地滥用。从量上看，歌颂和讽刺的比例要适当，应以正面教育为主，以歌颂性内容为主。要以教学效果作为衡量幽默适度性的标准的重要依据。幽默是手段，它本身不是目的。如果幽默没有分寸，便会舍本逐末，喧宾夺主。

幽默不是雕虫小技，而是智慧和情感的体现，是一门科学，也是一种艺术。只有对学生充满真诚的爱，只有对教学内容有深入的了解和正确的

把握，只有挖掘、积累幽默素材和具有较好的文学修养，教师才能在教学过程中创造出幽默，并恰如其分地加以运用。

第七章　教师创作课堂教学情境的技能

第四节　课堂教学幽默艺术的技巧与方法

　　创造幽默的具体技巧与方法多到不可胜数，孙绍振教授曾著《幽默答辩50法》予以总结，很值得教师创造教学幽默艺术时参考。其书的最后一段话意味深长、令人深思，他说："方法变化多端，全在曲尽其妙，大体则有，定体则无，动用之妙存乎一心。若无老师变制机之巧，则百法而无一用，有法而成累赘，不如无法。若有七窍玲珑之智，则无法也能生法，一法能化万法也。即所谓无法之法是为至法。"所以，下面所述教学幽默艺术的技法，也是只能借鉴，不能照搬的。教师须在实践中灵活运用，不断创造和丰富自己幽默的细胞，为自己的课堂教学增辉添色。

　　1. 婉曲释义法

　　根据教学艺术的需要，对某些概念、语词的内涵、外延作巧妙或歪曲的解释，即可形成独特风味的幽默艺术。美国作家安彼罗斯·迪尔斯即利用释义这一手法编纂了一本不同凡响的《幽默词典》，对一些原先枯燥乏味的名词作了新的解释，使人读后对事物的本质有豁然顿悟之感，而且引人入胜，别具一番情趣和风采。比如，"政治"：指谋求利益而从事的公务；"外交"：指为本国利益而撒谎的活动；"和平"：指两次战争中的一段间隔；"坦克"：指超级大国用来拜访朋友的交通工具，等等。国内有一位教师就很注意在教学中使用经婉曲处理的幽默语言，收到了良好的效果。如找早恋学生谈话，用"男女间情感过近了"；说"偷东西"，是"没经主人允许拿东西"；说"骂人"，是"语言不文明"；说"打架"，是"武力

解决矛盾";说"考试作弊",是"借助别人记忆材料";说"旷课",是"失去一堂学习良机";说"上课随便说话",是"语言失控"等。婉曲释义法的魅力于此可见一斑。

2. 巧用笑典法

在教学中根据内容需要,精心设计或引用幽默诙谐的典故插曲,即可达到内容与笑典相映成趣的效果。如有位教师讲《捕蛇者说》,讲至最后一句"故为之说,以俟夫观人风者得焉",让学生看课文底下对"人风"的注释:"人风",应作"民风",唐朝为了避唐太宗李世民的讳,"民"字改用"人"字。为了加深学生对"忌讳"的理解,教师便着意夹叙了一个笑话:我国古代对于地位或辈分比自己高的人,依礼不得直呼其名,其名字里的每一个字都不能念出口,谓之"忌讳"。五代时有个大官叫冯道。有古书曾记载冯道的门客讲老子《道德经》的故事。《道德经》开卷第一句是:"道可道,非常道。"门客因讳冯道之名,不敢读出'道"字来,只得念:"不敢说,可不敢说,非常不敢说。"这一个笑话的使用,不仅使学生加深了对"忌讳"这一知识的理解和记忆,而且对课堂气氛的活跃或调节起到了重要的作用。

3. 行为荒谬法

教师在教学中针对具体情境采取有悖常理的奇怪举动,其夸张荒谬的形式实为一普通常理而服务,往往能收到出奇制胜的幽默效果。如有些学生经常不自觉地把得数部分小数点后末尾的"0"留了下来。有一次学生板演,写成"4.82 + 1.68 = 6.50"。教师在订正时,突然从抽屉里摸出一把明晃晃的大剪刀,并问学生:"谁知道我要用这把剪刀做什么吗?"学生们都愣住了。教师接着说:"我要给这个得数剪尾巴了。这时同学们才恍然大悟,全都笑了。果然在以后几次作业里这种现象就消失了。这就是行为荒谬法成功运用的一个实例。

4. 借题发挥法

教师在教学时就某一问题暂停其本义的顺向推进,而旁逸斜出作横向联系,借此题而发挥彼意,也能构成别有意味的幽默。如鲁迅先生很推崇国外一些写得出色的文艺理论书,在阐述问题时"往往夹杂着闲话或笑

话，使文章增添活气，使听者感到格外的兴趣，不易于疲倦"。鲁迅先生在课堂教学中也常常运用这一方法。他讲《中国小说史略》第四篇《今所见汉人小说》的时候，讲到《西南荒经》上说有一种什么"讹兽"，人吃了就会说谎话。这时他很自然地插上一段生动的问路故事。说是在十里洋场的旧上海，有人走到岔路口向人问路，谁知甲说向东，乙说向南，丙说向西，三个人回答了三个方向，这真个叫你啼笑皆非。在这段活灵活现的讲述之后，鲁迅先生幽默地来了一句："大约他们都食过讹兽吧！"于是大家哄堂大笑。看来这是一段闲话，但是闲话不闲，在这里，鲁迅先生借"讹兽"之题对旧中国的一种恶劣的社会现象进行了辛辣的抨击。学生们在哄然的笑声中，既加深了对"讹兽"的理解，又接受了严肃的思想教育，并且确实"感到格外的兴趣"，精神振奋，要往下听。

5. 轻言拨重法

以极轻松极平常的语言事例漫不经心地拨倒本来极紧张极重大的难题，而轻易走出困境，亦使人因"历惊无险"而释然畅怀而笑。如特级教师林炜彤针对刚开始学写议论文时，几乎所有学生都说枯燥、难懂、不会写的情况，进行辅导。他说，议论文其实并不神秘，我3岁的小孙女也会作议论文。有一次小孙女说："我最喜欢爷爷了。"这是论点。"爷爷喜欢我，不骂我，买棒冰给我吃，还带我到儿童乐园去玩。"举了四个论据。"所以我喜欢爷爷。"这是结论，与开头呼应。这个例子一举，整个教室里充满了笑声，在笑声中学生理解了议论文的基本特征，消除了写议论文的畏难情绪。林老师这种以"一两拨千斤"的幽默艺术，显示了他深厚的教学功力。

6. 刻意精细法

在教学中教师将通常模糊定性论述的东西，刻意地加以精细定量描述，可产生喜剧性的幽默效果。如有位教师在讲人生价值时这样描述人体的物质价值："构成人体的水，足以装满一只容量为45升的水桶；人体里的脂肪，可以制造7条肥皂；人体中的碳，可以制造9000支铅笔；人体中的磷，可制2200根火柴；人体里的铁，可造2根铁钉；人体中的石灰，可足够刷2个鸡棚；还有少量的镁和硫……"教师"严肃认真"的精细论证

使人忍俊不禁。当提醒学生要珍惜时间，将主要精力用于学习时，教师一本正经地引用西方统计专家的数据："假如一个人寿命为 60 岁，那么他总共有 21900 天。一生时间的用途分别为：睡觉 20 年（7300 天），吃饭 6 年（2190 天），穿衣和梳洗 5 年（1825 天），上下班和旅行 5 年（1825 天），娱乐 8 年（2920 天），生病 3 年（1095 天），等待 3 年（1090 天），打电话 1 年（365 天），照镜子 70 天，擤鼻涕 10 天。最后只剩下 3205 天，即 8 年 285 天用来做有用的事情。"统计数据的"精细"程度，教师引证的良苦用心，不是很令同学们听后既享乐又得教益吗？

7. 故错解题法

在教学中故意设置一些错误，让学生参与找错纠错的活动，可使学生获得"发现"的乐趣，这也是一种有效的教学幽默艺术。如有位教师为了打破课堂上的沉闷气氛，集中学生注意力，加深学生记忆的轨迹，采用了"以错误引起发笑，以发笑引起注意，在轻松自如的笑声中传授知识、纠正错误"的做法，结果收到了从正面讲解收不到的良好效果。他的"有意错误"教学法，一般用在两个环节上：一是用在学生情绪低落，课堂气氛沉闷的时候。二是用在学生易出错、易混淆的地方。

故错解题法就是对名词、概念、观点表述书写故意出差错，歪曲它本来含义，从而起到以误辅正的作用。例如有的教师在讲到"法人"这个概念时，故意望字生义地解释：法人就是法国人，法人就是犯了法的人，法人就是有法术的人……一连串的错误荒唐的理解，引得同学们捧腹大笑。当学生在笑声中认识到这些解释的荒谬后，再认真陈述概念的真实意思，往往可以给他们留下深刻记忆。

8. 直落反差法

在教学中教师将事情的进展与结果的大距离反差猛然抖落，可使学生在意料之外的惊异后禁不住发笑。往往是落差越大，效果越强烈。

一位老师上四年级的作文课《场面描写》，这是一堂有其他教师旁听的公开课，他一走进教室，便微笑着要求学生背诵《神笔马良》这篇课文。学生背不出，无一人举手。老师降低要求，

只要背出几个自然段也行，可毕竟过了这么长时间，这篇课文又不要求背诵，学生还是摇头。老师随便点了一位学生。这位学生满脸通红，其余学生把头低下，有的无可奈何地望着老师。这位老师却严肃地对大家说："谁坐得不好就点谁背。"大家立刻坐好，教师只好请中队长背……正当旁听的老师大失所望，认为这节课砸了锅时，这位老师笑着解释道："我知道你们背不出，之所以要你们背是因为今天的作文内容是场面描写，我想让你们体会一下背诵不出课文时的紧张场面，然后把它写出来。"大家顿时恍然大悟，露出了会心的微笑。

9. 逻辑归谬法

对错误的言行并不正面指出，而是以此作为基础提进一步演绎，得出一个不说自明的荒谬结论，从而暗示错误言行的错误之处，就是逻辑归谬法。这种教学幽默艺术因用幽默掩去直接批评的锋芒，会使教师的观点更易为学生接受。

有位教师为四年级的小学生出了个作文题目《放学路上》，结果绝大多数学生都写一些虚构的俗套的故事，因而惊人地雷同。如果正面去讲评就只能说，这么多雷同，只能证明你们都是编造的。这样批评自然很正确，但并不一定有趣，也不一定能立刻使学生心悦诚服地和教师在看法上一致。这位老师采用逻辑归谬的幽默处理，让学生自己感到虚构雷同的可笑，他说："你们的作文，三分之一写捡钱包交给警察，三分之一写在公共汽车上给孕妇让位，三分之一写扶老人过马路。别的不说，光说捡钱包，我活了这么大年纪，上班下班走了这么多年，就没有你们那样的好运气，我怎么一次也没有捡到过钱包啊！"学生哄堂大笑起来。这说明，他们立刻分享了教师的幽默，也接受了老师的观点。

10. 抑扬顿挫法

抑扬顿挫法就是教师在陈述过程中，通过语言的轻重、快慢、停顿等方法取得幽默效果的方法。

如在讲"事物的联系是客观的，不是主观臆造的联系"时，有一位教师在课堂上模仿街上算命先生的模样，戴上眼镜，扳着指头，装模作样地卜算。然后装出惊喜的表情夸张地说："你的命真好——啊——（停顿）。明年一定能（重音）上大学（停顿），30岁发大财40岁官运亨通50岁荣华富贵……（快速）"，把全班同学都逗笑了。稍后，语气一转，正色道："'指纹手相决定人的命运'，这是臆造的联系。"学生在笑声中明白了哲理，也懂得了看相、算命、占卦纯系诈骗钱财的封建迷信勾当。

11. 形象比喻法

形象比喻法又叫打比方，就是运用某些具体、浅显、熟悉的事物去说明抽象费解的内容，使所说明的道理具有趣味性、感染力和说服力。如在讲到由于采用新技术，资本家获得了更多剩余价值时，有的学生提出"新的机器设备能创造剩余价值"的观点。对这一观点的理论说明较抽象，也较难理解。因此，教师在引导学生细读剩余价值概念，明白剩余价值来源之后，反问了一句："如果张×用棍棒打死了一只鸡，你认为打死鸡的是棍棒吗?"许多同学心领神会，不禁大笑。这一比喻既新奇又恰当，幽默风趣，揭示了问题的实质。

12. 自我调侃法

自我调侃法，顾名思义，就是拿自己开玩笑，幽自己一默。教师在教学时自己开自己一个玩笑，没有什么不好的，并不会让老师自掉身价，倒是能使自己放松，学生自在，师生间的距离拉近，为教学艺术发挥高效能铺平道路。据说著名学者胡适曾应邀到某大学讲演，他引用了孔子、孟子、孙中山的话，并在黑板上写下"孔说"、"孟说"和"孙说"。最后，他在发表自己的见解时，紧接着郑重其事地写下"胡说"二字，使学生在笑中分享他的自我调侃式幽默，并牢牢记住了他的"胡说"。

第五节　创设教学情景，增进学习兴趣

教学情境就是以直观的方式再现书本知识所表现的实际事物或者实际事物的相关背景，使学生认识事物发展过程中的形象与抽象、实际与理论、感性与理性以及旧知识与新知识的关系与矛盾。捷克教育家夸美纽斯曾说："一切知识都是从感官开始的。"又说："在可能的范围内，一切事物应尽量地放在感官的跟前，一切看得见的东西应尽量地放在视官的跟前，一切听得见的东西应尽量地放到听官的跟前……假如有一个东西能够同时在几个感官上面留下印象，它便应当用几个感官去接触。"虽然这种论述未免有绝对化之嫌，但的确反映了教学过程中学生认识规律的一个重要方面：直观可以使抽象的知识具体化、形象化，有助于学生感性认识的形成，并促进理性认识的发展。

例如在小学阶段，学生形象思维占优势，教师更应该注重创设情境。如：有位教师在教面积单位时，为了让学生初步建立 1 平方米、1 平方分米、1 平方厘米的面积概念，便让学生说说学生活中哪些物体表面的大小约为 1 平方米、1 平方分米、1 平方厘米。通过观察、比较、判断，学生基本上知道了一张饭桌面的大小约为 1 平方米，一个小学生的手掌面的大小约为 1 平方分米，一个小学生大拇指的面积大约为 1 平方厘米。教师在教学中将面积单位与学生比较熟悉的物体相联系，使学生对这三种面积单位有了深刻的认识。"境"是情境教学的一个维度，"情"则是另外一个维度。教师必须用情感激发学生的学习动力，正如有的学者所指出的，从血

管里流出来的是血，从山泉里流出来的是水，从一位充满爱心的教师的教学里，喷涌出来的则是一股股极大的感染力。它可以使学生产生同样的或与之相似的情感。

一位小学语文教师在教"奶"字时，亲切地对学生说："看，左边是女字旁，右边像个驼背的人，这就是奶奶的'奶'字。奶奶年纪大了，走路时背弯弯的，还要挂个拐棍。"

这种充满亲情之爱的教学，把本来死板的、不会动弹的文字，变成了有生命的东西，钻进了孩子的脑海里。相反，"如果照着教学法的指示办事，做得冷冰冰的、干巴巴的，缺乏激昂的热情，那是未必会有什么效果的"（赞可夫语）。这是因为"未经人的积极情感强化和加温的知识，将使人变得冷漠"。在教学中，如果教师上课冷漠，那么学生听课也必然冷漠；教师无激情讲课，学生必然无激情听课；教师无真情讲课，学生必然无真情听课。没有激情，课堂教学就像一潭死水；没有真情，老师学生即使面对面，也犹如背对背。只有激情和真情才会在老师与学生间产生一种互相感染的效应，从而不断激发学生学习的热情，唤起学生的求知欲，诱发学生进入教材学习的欲望。情感激发的目的在于为课堂教学提供一个良好的情绪背景，使学生兴致勃勃、兴趣浓厚。感性还指教学情境具有激发学生学习动力的功效。德国教育家第斯多惠说得好："我们认为，教学的艺术不在于传授的本领，而在于激励、唤醒、鼓舞，而没有兴奋的情绪怎么能激励人，没有主动性怎么能唤醒沉睡的人，没有生气勃勃的精神怎么能鼓舞人呢？"前苏联教育家赞可夫也强调指出："教学法一旦能触及学生的情绪和意志领域，触及学生的精神需要，这种教学法就能发挥高度有效的作用。"

一次，一位语文教师教《凡卡》一文时，讲到凡卡给爷爷投出求助信后，满怀希望进入了幸福的美梦之中，然而这位天真的孩子却不知爷爷是收不到这封信的，因为他连地址也没写上。即

使收到了，这位穷苦的守夜人也不可能让凡卡跳出火坑。对于这位9岁的孩子来说，属于他的幸福只有在梦中。讲到这儿，这位教师再也控制不了自己了，眼泪涌了出来，甚至无法讲下去，全班学生竟然在寂静中伴坐了很久，连平时管不住自己的学生，也在这无意创设的情境中被无声的语言"管住了"。

教师入境入情，带来了学生的心动情发，起到了见作者之所见、思作者之所思，与作者的情感产生心灵共鸣的作用。下面我们来看一个案例，看案例中的教师在《冷水和热水》一课的开课阶段创设了怎样的教学情景：

老师："同学们，在生活中你们见过喷泉吗？"

学生："见过。"（大多数同学）

老师："你们在哪里见过喷泉呢？"

学生1："我在公园里见过。"

学生2："中山公园里就有，而且是音乐喷泉，有些喷泉随着音乐起伏，可壮观了！"

老师："老师也看过，的确像你说的那样。不过，这节课呀，老师能在教室里给大家做一个人工喷泉，你们信不信？"

（学生有的信，有的不信，但都期待着老师的下一步行动）

老师：（神秘地拿出一个烧瓶，上面连接一个尖嘴玻璃管，连接处用橡皮塞密封）"我就用它来制造喷泉。"

（学生急切想知道的样子，有的甚至站起来看）

老师："我只需要把它放进这个烧杯里，喷泉就会出来了！"（老师将装置慢慢放入事先准备的装有冷水的杯子中）

学生："怎么没有喷泉呢？"（有学生质问）

老师：（抱歉的样子）"非常对不起，老师刚才拿错了烧杯，应该放进这个杯里才行。（拿出事先准备的装有热水的烧杯，并将装置放入）这一次你们一定可以看到了。"

学生："哇！"（学生见到喷泉后异常兴奋）

教师课堂教学技巧的培养和提高

老师：（喷泉持续 10 秒后）"人工喷泉好看吧！可是，在刚才的那个烧杯里为什么不能形成喷泉呢？"

学生：（很快作出反应）"因为前面一杯是冷水，我估计喷泉只能在热水里才能形成。"

老师："你是一个善于观察和总结的同学。同学们，同样水，一杯冷水，一杯热水，在冷水中不能形成喷泉，在热水中却可以，看来，冷水和热水真值得我们去研究研究。"（板书：冷水和热水）

当教师板书完"冷水和热水"后，就顺理成章地进入后续教学。此案例中的教学情景的创设，主要是立足儿童的观察和生活，贴近学生的知识背景，用他们喜闻乐见的喷泉为载体，对学生来说，有较强的吸引力，学生兴趣高涨。在此过程中教师逐步在学生心中把人工喷泉的形成与冷水和热水建立联系。利用学生急于想看到喷泉的心理，在其中设置一个小小的障碍，让学生脑海里留下深刻的印象。在满足学生的需要之后，又不失时机地用问题引发学生思考，寻找形成喷泉的原因，并为后续进一步探究冷水和热水的特点留下悬念。

第七章　教师创作课堂教学情境的技能

第六节 围绕问题展开教学

教学情境有多种类型、形式，其中特别要强调的是问题情境和问题意识。问题是科学研究的出发点，是开启任何一门科学的钥匙。没有问题就不会有解释问题和解决问题的思想、方法和知识，所以说，问题是思想方法、知识积累和发展的逻辑力量，是生长新思想、新方法、新知识的种子。学生学习同样必须重视问题的作用。现代教学研究指出，从本质上讲，感知不是学习产生的根本原因（尽管学习是需要感知的），产生学习的根本原因是问题。没有问题也就难以激起求知欲，没有问题，感觉不到问题的存在，学生也就不会自主深入思考，那么学习也就只能是表层和形式的。

所以现代学习方式特别强调问题在学习活动中的重要性。一方面强调通过问题来进行学习，把问题看作是学习的动力、起点和贯穿学习过程中的主线；另一方面通过学习来生成问题，把学习过程看成发现问题、提出问题、分析问题和解决问题的过程。

这里需要特别强调的是问题意识的形成和培养。问题意识是学生感知和思维的对象，从而在学生心里造成一种悬而未决又必须解决的求知状态。问题意识会激发学生强烈的学习愿望，从注意力高度集中，积极主动地投入学习；问题意识还可以激发学生探索、创造和追求真理的科学精神。没有强烈的问题意识，就不能激发学生认识的冲动性和思维的活跃性，更不可能激发学生的求知思维和创造思维。总之，问题意识是学生进

行学习的重要心理因素。

有价值的教学情境一定是内含问题的情境，它能有效地引发学生思考。问题是根据一定的教学目标而提出来的，目标是设问的方向依据，也是问题的价值所在。

我们来看《嗟来之食》的教学片段：

在课堂上，全班学生几乎每个人都提出了一个自己的问题，如有的学生提出："为什么会发生饥荒？""为什么饿汉那么穷，财主却那么有钱有物？""饿汉为什么说他情愿饿死，也不吃财主给他的食物？"等。在这些问题中，大部分同学都选择了第三题进行讨论。

在讨论中，学生探讨了多种可能性。有一个学生回答"因为他很有骨气，很有尊严"。教师非常敏锐地抓住这个机会，利用学生的话进行引导："对！他很有骨气，很有尊严。"

"可是他已经快要饿死了，你赞成他这样做吗？"新的问题立即又使学生的认识产生了分化。有的学生明确赞成，有的学生强烈反对。在他们分别阐述了自己的理由之后，教师又引导学生提升出了一个与此关联、又蕴含哲学意味的问题，即"生命和尊严到底哪一个更重要？"

在激烈的辩论中，有的学生认为生命比尊严更重要，"因为没有生命就什么也没有了"；有的学生觉得，尊严比生命更重要，"因为没有尊严会被人看不起"；还有的学生语出惊人，说生命和尊严同样重要，"因为没有生命就没有尊严，而没有尊严，生命就没有意义。生命和尊严的关系就像一个人的手心和手背一样"。

好奇心是兴趣的先导，是学生积极探求新奇事物的动力之一，对形成学习动机有着重要的作用。富有创新精神的人往往有着强烈的好奇心。爱因斯坦就曾说，他没有特别的天赋，只有强烈的好奇心。在创设问题情境时，注意在情境中提出问题引发学生的好奇心。例如：

新学期第一堂语文课，我是这样上的：同学们，新的学期开始了，你们知道从这本崭新的课本里，我们将学习哪些新课文？那就请跟随老师一起去这个知识的王国漫游一番吧！首先让我们回到二万五千里长征路上，看看《一碗炒面》是怎样帮助"我"渡过难关，赶上队伍，来到大渡河与红四团一起《飞夺泸定桥》，再随《狼牙山五壮士》一起掩护群众转移，同日寇血战到底。赶跑日寇，我又奔赴朝鲜，参加抗美援朝……

今天的人们正以百倍的热情建设我们的祖国，《深山风雪路上》的邮递员老吕送信25年，任劳任怨。《在炮兵阵地上》的彭德怀司令，实事求是，认真检查战备情况。敬爱的周总理为了人民不辞辛苦，在中南海忘我地进行了《一夜的工作》，还有许多像《白杨》一样扎根边疆，建设边疆的边疆建设者，他们都像《挑山工》一样，一心向着目标，步步扎实，坚持不懈地往前走，在工作中像罗丹一样《精益求精》……

阳春三月，正是踏春的大好时节，让我们去观赏景色秀丽的《桂林山水》，观看夕阳西下时，变幻莫测的《火烧云》，走向大自然，去探索《太阳》的奥秘，来到北京自然博物馆古生物大厅，观看《黄河象》的骨骼化石，假想黄河象的来历。这学期，我们还将结识许多古今中外的名人。如：三国时期《草船借箭》中的诸葛亮、周瑜，72变的《齐天大圣》，在《跳水》中沉着镇静的船长，《义犬复仇》中具有正义感的文尔内。绝不做《人有亡铁者》中的丢斧人，疑神疑鬼，冤枉好人。

新学期里《我的心事》很多，我要学会的知识很多，要学会默读课文，学会概括中心思想，学会复述课文，还要写好作文。知识的大门向我们打开，让我们珍惜每分每秒，发奋学习吧！

在这个案例中，新学期的第一堂课教师没有向学生提出要求，让学生谈打算，而是来了个"学习指南"，把将要学习的课文，配合相应的图片、投影、课文录音片断，并用生动的语言当了一回主持人，让学生根据教师

的解说，从黑板上已写好的课题中寻找，让他们提出自己感兴趣的问题，这样创设的情境，既满足学生的好奇心，又使他们对教材产学生强烈的学习冲动，使学生一上课就被深深地吸引住，取得了先声夺人的效果。为新学期的学习创设了一个良好的开端。如果说探求"是什么"体现了学生的好奇心，那么，寻求"为什么"则更多地体现了学生的求知欲。求知欲一般由好奇心发展而来。是学生探究、了解自己未知的东西产生的愿望和意向。在教学中，注意在情境中适时揭示矛盾，诱发学生的求知欲。

> 教学毛泽东同志的《长征》诗中"金沙水拍云崖暖"一句时，我先用简笔画勾勒出"水拍云崖"的画面，让学生体会到这是一幅险景，继而提出，既然看到的是一幅险景，那么红军战士心中怎会涌出"暖"意来呢？使学生产生进一步寻找答案的欲望。在教学诗中"更喜岷山千里雪"一句时，我让学生联系过去学过的讲述红军过雪山故事的课文及相关的画面，提出过雪山是红军长征途中最为艰难的历程之一，那么为什么红军战士看到岷山的千里雪景会"更喜"呢？让学生讨论体会到红军历尽千辛万苦，终于看到胜利在望时不可抑制的喜悦之情。

在教学中教师根据教材的难点，提出疑点，揭示矛盾，可以诱发学生的求知欲，进而形成内在动机。有效的问题情景是教学的起点，也是学生思维的起点。此外，在创造问题时，问题的难易程度要适合全班同学的实际水平，以保证使大多数学生在课堂上都处于思维状态。总之，情境中的问题要具备目的性、新颖性和适应性。

第七节　制造悬念创设质疑情境

制造悬念，创设质疑情境是老师在教学中，根据教学内容，使学生产生强烈的求知欲望，激发浓厚的学习兴趣采取的一种手段。我们来看这样一个教学片段：

老师："同学们，为什么猴王和其他小猴子听完贪吃而又自作聪明的肥肥的话后，都笑了呢？猴王是运用什么知识来帮助教育这个既贪吃又自作聪明的小猴子的呢？同学们想知道吗？"

悬念是牵制学生思维的线，比如说，学生好动又好胜，教师就应抓住孩子的心理特点设置悬念。开头的故事情境已经将孩子们的注意力吸引到了课堂中，此时紧接着设置一个悬念，更进一步地激发孩子的求知欲，促使孩子们投入到学习中，教师可以趁热打铁，诱之深入。

有位教师在进行"能被3整除的数的特征"的教学时，上课一开始，教师就用挑战性的语气说："同学们，一个数能不能被3整除，老师一看就知道，不信，我们可以试试看"接着让学生随意说出一些自然数，而教师对答如流，学生就迫不急待地想知道"诀窍"，想赶快解开心中的"谜"。于是，求知若渴的情绪被激起来，产生强烈的求知欲，学生就会带着浓厚的兴趣去学好这部

分知识，成了主动探索者。

对学习产生内动力，能自然而然地驱使学生主动地攻克难关。建构主义学说认为，有意义的学习并非是简单的被动接受过程，而是学生主动建构的过程。教师为学生创设适宜的情境，有利于培养学生主动参与知识的再创造能力。例如：

在复习"分数乘除法应用题"时，首先对班级的图书角的书作了一些调查，发现图书角有作文书 36 本，故事书 48 本，科幻书有 12 本。用文字片张贴了这组信息，让学生开展想象，看到这组信息，你会想到什么？这时学生思维活跃，纷纷举手回答：

（1）作文书是故事书的 3：4

（2）故事书与作文书的比是 4：3

（3）故事书与图书总数的比是 1：2

（4）作文书是科幻书的 3 倍

（5）科幻书与故事书的比是 1：4

学生经过思考能想到许多，教师将学生想到的全部用文字片显示出来，在学生众说纷坛，思维处于最活跃处，提出要求，让学生任选 2～3 个条件，然后添加一个问题，编一道分数应用题，用自己喜欢的方法将之解答出来，比比看谁编得多。

这样的复习既联系了生活实际。创设了问题情境，为学生建构了学习的空间，又照顾了学生的个体差异，使每个学生在不同层次上得到不同的发展，同时还培养了学生的问题意识和处理信息的能力。情境创设要有助于学生自主探究、合作交流。

在课堂教学中教师让学生进行良好交流，营造合作情境。因个人的创新置身于创新群体中时，群体的环境就不可避免地影响到人的创新活动和创新能力的发展。有位教师是这样做的：

我在教学过程中，十分重视使学生之间在情境中产生互动，

形成相互交流、相互合作、相互补充、相互帮助的良好气氛。如教学寓言《守株待兔》一课，在揭示寓意时，我指着板上用简笔画勾勒的画面问："看着这种人，田里满了野草还在那儿守株待兔，我们应该怎么办？"学生回答应该规劝、教育他。我借机问："如果你是一位老农，当你看到这位年轻种田人在那地守着树桩等兔子时，你想对他说些什么呢？"接着请一个同学上来当年轻的种田人，让愿意教育这位"年轻人"的"老农"自己上来教育他。这样一来，就形成了众老农纷纷相劝，共同教育"年轻的种田人"的情景，其间，我又让坐在下面的同学参与劝说，这就形成了学生互动、相互合作的可喜局面。观察，并交流各自的发现。在课堂上透露着很多新课程的精神，例如放手让学生合作学习，通过自身体验，探究新知识等。让学生在小组中交流、合作探索的情境中体验，所体验到不仅仅是对知识的感知和更新的认识，更是同学之间情感的交流，思维火花的碰撞。

在教学中，教材是传达学习信息的一个载体和范本，教师应根据学生的认识和已有生活经验，灵活地使用教材。在组织教学活动时，要从学生的经验和已有知识出发，创设有助于学生自主探究、合作交流的情境，使学生通过观察、操作、归纳、类比、猜测、交流等活动，获得积极的情感体验，掌握基本的数学知识与技能，从而进一步发展其思维能力，激发学生学习兴趣，增强学生学习的信心。我们来看看下面的这个案例：

在教学《年月日》时，我首先让学生回家调查爸爸妈妈及自己的生日。上课时借助生日加深已有年月日的时间概念，继而又问学生："你已经知道哪些有关时间的知识？"这时学生都充满着因已有知识所带的喜悦，竞相举手说："一年12个月"、"一年有365天"、"一年有大月和小月，大月有31天，小月有30天"……这时我忙表扬他们："你们真了不起，知道得这么多。你们知道的知识虽然多，但很零碎不够完整，这节课我们就来将这些

知识系统地整理整理。同学们有不明白的问题也可以提出来我们共同学习。"立刻便有学生说:"为什么有时候一年有 365 天,有时一年有 366 天呢?""为什么二月只有 29 天呢?""哪些月份是大月,哪些月份是小月呢?"面对学生提出的问题,我在赞赏的同时及时分发年历卡(不同年份的),组织学生小组合作、自主探究这些问题。这样的设计从学生生活经验出发进行导入,学生思维不但被已有知识所激活,而且能借助已有知识所带来的自信提出的问题。教师适时构建学习的平台——分发不同年份年历卡,开展小组合作观察、探究活动。

在活动的过程中,让学生去交流知识,解决问题,获取知识,整理知识,让学生切实地参与了知识的形成过程,这也充分体现了老师是学习过程的组织者、引导者、合作者,学生是学习的主体,创新的教学理念。

猴山上,猴王带着一群小猴子生活,其中有一只名叫肥肥的小猴子,它既贪吃又自作聪明,猴王就利用分饼子的机会教育了它。猴王分别给每只猴子 8 块饼,要它们平均分 2 天吃完,许多小猴子拍起手来表示满意,唯独肥肥大叫着说:"8 块饼太少了,不够吃。"猴王说:"那好,我给你 16 块饼,平均分 4 天吃完。"话音刚落,肥肥又叫又跳:"不够,不够。"猴王又说:"那我给你 32 块饼,平均分 8 天吃完。"肥肥还没等猴王说完又嚷到:"太少,太少,还不够吃。"猴王最后说:"那我给你 64 块饼,平均分 16 天吃完,怎么样?"肥肥得意地说:"够了,够了。"猴王和其他小猴子都笑了起来,而肥肥却莫名其妙。

老师:"同学们,为什么猴王和其他小猴子听完贪吃而又自作聪明的肥肥的话后,都笑了呢?猴王是运用什么知识来帮助教育这个既贪吃又自作聪明的小猴子的呢?同学们想知道吗?"

学生:"想。"

老师:"学了今天这节课的知识,你就知道了。今天我们就

来学习"商不变的性质"。"（板书课题：商不变的性质）

这是一堂数学课，在数学教学中，把抽象的概念形象化，是数学老师常用的教学手法，但是一些固定呆板的形象并不能一直引起学生的学习兴趣，长久下来反而会淡化学生的求知欲。

美国心理学家布鲁纳说过："最好的学习动因是学生对所学的材料有内在的兴趣。"学习兴趣是学习活动的强化剂，它在学生的学习活动中起着巨大的推动和内驱作用。因而在课堂中我们可以选择生动的神话传说、童话故事等创设情境进行教学。

我在教学利用商不变的规律解答有余数的方法时，创设了这样的故事情景：有一天，狐狸大婶碰到了一群争闹不休的母鸡，问明原因，才知母鸡们一共下了 210 个鸡蛋，她们各自想拿回属于自己的一部分，可忘了自己下了多少个蛋，只好平均分，但平均每只鸡分多少个鸡蛋呢？狐狸大婶数了数，共有 40 只鸡，眼珠一转，狡黠地一笑："平均每只鸡分得 5 个鸡蛋，余下的就作为我的辛苦费吧！"同学们，猜猜看，狐狸大婶分得对吗？

一石激起千层浪，学生猜想之后便开始自主动手活动，进行验证！

教师如若能在课堂教学中，恰当运用"历史典故"，也能引起学生的学习兴趣。当教师在教学中恰当地引入那些趣味横生的文学典故、科学史趣闻、科学家轶事等，就会发现这对促进学生的学习是很有益处的。